하루 1장,
기억하기 쉬운
세계사

하루1장,
기억하기 쉬운 세계사

초판 1쇄 인쇄 2020년 10월 14일
초판 1쇄 발행 2020년 10월 21일

지은이 라인하르트 바르트 **그린이** 콘스탄체 구르 **옮긴이** 서지희

펴낸이 이상순 **주간** 서인찬 **편집장** 박윤주 **제작이사** 이상광
기획편집 이세원 박월 **디자인** 유영준 이민정
마케팅홍보 신희용 김경민 **경영지원** 고은정

펴낸곳 (주)도서출판 아름다운사람들
주소 (10881) 경기도 파주시 회동길 103
대표전화 (031) 8074-0082 **팩스** (031) 955-1083
이메일 books777@naver.com **홈페이지** www.books114.net

생각의길은 (주)도서출판 아름다운사람들의 인문 교양 브랜드입니다.

ISBN 978-89-6513-621-7 03900

Title of the original German edition: Nachgefragt: Weltgeschichte by Reinhard Barth
(illustrated by Constanze Guhr)
© 2006, 2008 Loewe Verlag GmbH, Bindlach
All rights reserved
Korean Translation Copyright © 2020 by Beautifulpeople Publishing Co., Ltd
This Korean Edition was published by arrangement with Loewe Verlag GmbH, Bindlach through
BRUECKE Agency.

이 책의 한국어판 저작권은 브뤼케 에이전시를 통해 Loewe Verlag GmbH, Bindlach와 독점 계약을 한
(주)도서출판 아름다운사람들에 있습니다. 신저작권법에 의해 한국 내에서 보호를 받는 저작물이므로
무단전재와 무단복제를 금합니다

이 도서의 국립중앙도서관 출판예정도서목록(CIP)은 서지정보유통지원시스템(http://seoji.nl.go.kr)과
국가자료종합목록구축시스템(http://kolis-net.nl.go.kr)에서 이용하실 수 있습니다. (CIP제어번호 : CIP2020042827)

파본은 구입하신 서점에서 교환해 드립니다.

하루 1장,
기억하기 쉬운
세계사

라인하르트 바르트 글 | 콘스탄체 구르 그림 | 서지희 옮김

⚓ 선사시대 ⚓

인류가 최초로 만든 도구의 재료는 돌이다. 석기 시대 사람들은 돌을 깨뜨려서 화살촉, 창촉, 칼날 같은 도구를 만들었다.

⚓ 고대 ⚓

수메르인들은 세계 최초의 천문학자이자 수학자였다. 그들은 달력과 바퀴를 발명했고 쐐기문자로 역사를 기록하였다.

⚓ 중세 ⚓

중세 교회들은 무력으로 신앙을 전파하는 것을 당연시했다. 십자군에 대한 두려움과 약탈욕이 더해져 십자군 전쟁이 일어났다.

⚓ 근대 ⚓

자유로운 개인을 중심에 세우기 위한 운동은 '부활'을 의미하는 '리나시타'라고 불렸다. 오늘날 우리는 그것을 르네상스라고 부른다.

⚓ 19세기 ⚓

1848년 카를 마르크스와 프리드리히 엥겔스는 『공산당 선언』을 출판했다. 마르크스는 노동 운동의 학문적 기반을 마련하였다.

⚓ 20세기 · 현대 ⚓

한 마디의 말실수가 베를린 장벽을 무너뜨렸다. 사회주의 통일당 체제는 무너지고 독일의 통일은 1년도 안 되어 이루어졌다.

생각의길

차례

들어가며 …8

1장
선사시대

2장
고대

3장

중세

6장

20세기와 현대

─── 들어가며 ───

지난 삼천 년의 세월을 말하지 못하는 사람은

어둠 속에서 깨달음 없이 하루살이처럼 살 뿐이다

괴테는 『서동시집(1819)』에서 동시대인들을 이렇게 질타했다. 이
말은 곧, 과거에 관심을 가지라는 것이었다. 그렇게 하지 않으면
'깨달음 없이' 선조들이 이미 저질렀던 것과 같은 실수를 저지르는
일이 생길 수 있으니까.

괴테의 경고가 우리에게도 적용이 되느냐고? 당연한 말씀! 한 번 자세히 들여다보자. 통일된 독일에는 여전히 동독과 서독 간의 차이가 존재한다. 생활 감정 속에서도, 경제적 또는 사회적 문제들에 대한 사고방식에서도. 그리고 이 차이는 단지 누구는 튀링겐이나 작센에 살고, 누구는 라인란트나 바이에른에 살기 때문만이 아니라, 1945년 이후 경험했던 서로 다른 역사적 사건들에서 기인한다. 일부는 사회주의 체제에, 또 다른 일부는 시장 경제 체제에 물들었으니 말이다. 전자는 소련을, 후자는 미국을 '큰형님'으로 모셨다.

동독과 서독 모두 민족사회주의의 압제를 통해 각인되었다. 1933~1945년에 저질러진 일들은 독일은 물론이고 전 세계적으로 파급력이 컸다. 그것은 오랜 시간 동안 독일 민족과 다른 나라들의 관계를 결정지었고 아직도 그렇다. 다만 그 사이 독일인들이 자신들의 죄를 인정하고 철저한 과거 청산을 위해 노력한다는 점은 세계인들의 인정을 받고 있다.

과거를 고려하지 않고는 매일 세계에서 일어나는 일들을 이해할 수 없다. 예를 들어 1990년대에 발칸반도에서 저질러진 만행은 처음에는 정말 수수께끼 같아 보였다. 하지만 사건의 당사자들은 확실히 알고 있었다. 그것은 50년 또는 그 이상 벼르고 벼르던 복수전이었다는 것을. 이는 오래 전 원치 않는 외국의 통치를 받았던 경험과 관계된 일이었다.

아니면 이슬람과 서양 국가들 간의 문제를 생각해보자. 오늘날에도 십자군은 화합으로 가는 길을 막는 장애물들 중 하나로 여겨진다. 이 십자군, 즉 서양 기독교인들이 팔레스타인 성지를 해방시킨다는 목적으로 궐기했던 일은 900년 전 일이지만 여전히 잊혀지지 않고 있다.

세계사에서 무슨 일이 왜 일어났는지를 책 한 권으로 다 소개할 수 있을까? 그럴 수는 없다. 그래도 드문드문이나마 독자들의 역사의식을 일깨우는 자극제를 제공할 수는 있을 것이다. 그러려면 이해가 잘되고 술술 읽혀야 한다. 그래서 이 책은 역사 속의 이야기들을 소개한다. 각각의 주제마다 각기 다른 무대, 사건, 주인공이 등장한다. 종종 상세한 부분까지 들어가기도 한다. 애매모호하게 남기 일쑤인 '대략적인 것'보다는 기억에 남을 만한 구체적인 내용들로 추렸다. 예를 들면 프로이센 왕 프리드리히가 치른 전쟁들의 수를 세기보다는 그에 대한 일화를 소개하는 식이다. 가능한 한, 오늘날에도 존재하며 그림만 봐도 독자들이 알아볼 법한, 또는 여행 중에 보았을 수도 있는 시대의 유적들(신전, 성, 발굴지)도 곳곳에 언급했다.

각 글들은 개별적으로 구성되어 있으므로 책을 처음부터 차례로 읽을 필요는 없다. 그냥 넘겨보다가 특별히 관심이 있는 글을 먼저 읽어봐도 좋다. 맨 뒤의 '찾아보기'는 개념과 이름들을 다시 찾을 때 도움이 될 것이다. 또 연대표는 방향 감각을 유지해주는 장치이다. 이로써 괴테가 말한 '삼천 년'은 물론이고, 그보다 더 깊은 과거까지 들여다볼 수 있을 것이다.

선사 시대

001

사람은 언제부터 존재했을까?

사람과 유인원은 친척 관계지만 언제 종이 갈라졌는지는 밝혀지지 않았다. 전문가들은 200~500만 년 전이 동물이 사람으로 진화하는 과도기였을 거라고 추정한다.

동아프리카에서 발견된 뼈 화석과 발자국은 300~400만 년 전에 살던 원시인들이 이미 직립 보행을 했으며 현대인과 체격이 비슷했다는 사실을 알려준다. 좁은 의미로 볼 때 최초의 인간은 200만 년 전에 살던 호모 하빌리스(Homo habilis, '능력 있는 사람')이다. 그 뒤에 나타난 것이 호모 에렉투스(Homo erectus, '선 사람')와, 약 60만 년 전의 호모 사피엔스(Homo sapiens, '지혜로운 사람')이다.

이 시기에 사람의 뇌는 450~750㎤에서 900~1,100㎤까지 커졌다. 이는 언뜻 보기에는 별것 아닌 듯하지만 커다란 의미가 있다. 뇌가 커져서 지능이 발달하면서 다른 생물보다 떨어지는 힘과 속도 등의 단점을 메울 수 있게 되었기 때문이다. 사람들은 서로 협동하여 사냥했고 각종 도구와 무기, 옷을 만들고 집을 짓는 법을 터득했고, 무엇보다도 불을 다룰 수 있게 되었다.

인류는 아프리카에서 수천 년에 걸쳐 유럽과 아시아로 이동했으며 시베리아와 알래스카 사이에 일시적으로 형성되었던 지협을 통해 북아메리카로, 그리고 마침내 남아메리카까지 다다른 것으로 추정된다. 당시에는 해수면이 지금처럼 높지 않아서 작은 배로 바다를 건너 호주까지도 갈 수 있었다. 기원전 1만 년경에는 지구상의 거의 모든 곳에 인간이 살았다.

002

석기 시대 사람들은
어떻게 살았을까?

인류가 최초로 만든 도구의 재료는 돌이며, 이에 따라 60만 년에서 8,000년 전을
석기 시대라고 한다.

부싯돌은 다른 돌과 부딪치면 불꽃이 튀기며 날카로운 조각으로
쪼개진다. 사람들은 이런 부싯돌의 성질을 이용해 불꽃으로 불을
붙였고, 쪼개진 조각들로 화살촉이나 창촉, 또는 칼날을 만들었으
며, 큼직한 조각들은 주먹 도끼로 썼다. 돌로 만든 도구와 무기들
은 동물을 사냥하고 가죽을 벗기는 데 사용되었다. 또 뼈와 뿔 같
은 재료로 바늘 등을 만들어 동물 가죽들을 꿰매서 옷을 만들기도
했다.

석기 시대 사람들은 대부분 먹을 것을 찾아 이리저리 떠돌아다니는 유랑 생활을 했다. 동물을 사냥하고, 새와 물고기를 잡고, 먹을 수 있는 식물과 열매들을 채집했다.

석기 시대의 무덤은 이 시대의 사람들이 신과 사후 세계의 존재를 믿었다는 것을 증명한다. 무덤 속에는 죽은 사람이 저승에 가지고 갈 물건들이 시신과 함께 묻혀 있다. 이 밖에 고귀한 예술 작품들도 유산으로 남아 있다. 스페인 산탄데르의 알타미라 동굴(1879년에 발견)과 프랑스 도르도뉴의 라스코 동굴(1940년에 발견)에는 자그마치 2만 년이나 되었지만 놀라우리만치 현대적이고 다채로운 동물과 사람의 그림이 그려져 있다. 이 그림들은 사냥의 성공을 기원하기 위해 그려진 것으로 추정된다. 돌이나 점토로 만든 풍만한 여성 모양의 조각들은 출산을 기원하는 주술적 의미를 지녔다.[1]

---

[1] 가장 유명한 조각상은 오스트리아 남부 빌렌도르프에서 발견되어 '빌렌도르프의 비너스'라 이름 붙여진 것으로, 높이는 11센티미터이며 풍만한 가슴과 큰 엉덩이가 특징이다. (그림 참조)

003

사람은 어떻게
정착 생활을 하게 되었나?

신석기 시대(기원전 1만 년 이후)에는 인류의 생활 방식에 아주 큰 변화가 생겼다. 수렵과 채집에서 농경과 목축 생활로 옮겨가게 되었던 것이다.

빙하기가 도래하자 유럽과 아시아 일부 지역 사람들의 생활권이 좁아지기 시작했다. 이들은 점차 큰 동물들 대신 작은 동물이나 수생 동물들을 사냥하게 되었다. 또 집을 짓고 음식을 저장하기 시작했다.[1] 소, 돼지, 양, 염소와 개 등 야생 동물들을 길들여 농경에 활용하거나 집을 지키게 하고 식량으로도 이용했다. 또한 새끼를 낳게 해 가축 수를 늘렸다.

인류는 야생 풀에서 얻은 씨앗을 심어 밀, 보리, 조와 누에콩 등을 재배했다. 먹을 것을 찾아다니지 않고 직접 기르게 되었다는 건 큰 발전이었다. 이렇게 중요한 기술적 진보가 이루어진 것을 두고 **신석기 혁명**[2]이라고 한다. 사람들은 점토로 저장용 그릇을 만들게 되었다. 양털을 짜서 만든 직물로 옷을 짓기도 하고 돌을 깨서 뗀석기를 만들던 것에서 발전해 돌을 갈아 석기의 질을 높였다. 또 불을 다루는 기술이 발달해 금속을 녹일 수 있게 되었다. 그리하여 구덩이나 단순한 구조의 화덕 안에서 구리, 청동이나 철로 된 초기 무기와 기구들의 주원료가 생산되었다.

최초의 분업도 이루어졌다. 정착민들은 모든 일을 다 하는 것이 아니라, 각자 잘하는 일을 맡아서 했다. '호드(horde)'라는 대규모 유목민 집단은 해체되고 보다 작은 집단들, 가족이 공동생활의 기본 형태를 이루게 되었다.

---

1   사람들은 해안가와 강변의 낮은 지대에 주로 정착했다.

2   **신석기 혁명** 수렵과 채집으로 살아가던 인류가 한 군데 정착하여 농사를 짓기 시작한 것을 두고 인류 문화사에 획기적인 사건이라 하여 영국 고고학자 고든 차일드(Gordon V. Childe)가 '혁명'이라고 표현하였다.

고대

004

비옥한 초승달 지대란
무엇인가?

북아프리카, 근동, 남아시아와 동아시아의 큰 강 유역들은 땅이 비옥하여 정착해 살기 좋았다. 그래서 이런 곳들에 인류 최초로 사람들이 모여 살게 되었다.

현재까지 가장 오래된 문명으로 밝혀진 것은 이집트와 메소포타미아(대부분은 오늘날의 이라크에 속하는 지역) 문명이다. 이 두 문명 사이, 지금의 시리아와 남부 터키 지역에는 넓고 비옥한 아치형의 지대가 펼쳐져 있다. 그 모양이 초승달을 닮아서 '비옥한 초승달' 지대라는 이름을 갖게 되었다. 이 지역에서 농경과 목축을 하던 사람들은 자신과 가족에게 필요한 것보다 더 많은 잉여생산물을 얻곤 했다.

이곳에 정착한 사람들은 귀한 물을 밭에 고르게 분배하기 위해 제방, 수로, 수문과 같은 관개 시설을 만들었다. 이는 혼자서는 할 수 없는 일이었기에 많은 사람들이 모여 집단을 이루었다. 이들은 일꾼들에게 지시를 내리고, 먹을 것을 주고, 숙소를 제공했다. 이는 잉여생산물이 많았기 때문에 가능한 일이었다. 그리고 차츰 필요에 따라 군주를 우두머리로 하고, 관료, 관청, 세금 제도, 경찰과 군대가 있는 국가들이 생겨났다.

작은 부락들은 마을이 되고, 도시가 되었다. 오늘날 우리는 유적을 통해 이러한 도시들이 어떤 모습이었는지 알 수 있다. 초기 도시의 예로는 오늘날의 터키 지역에 있었던 차탈휘위크(Catal Hüyük)를 들 수 있다. 기원전 6250년경 이곳에는 이미 약 6000명의 사람들이 살았다. 이들은 점토를 빚어 햇볕에 건조해서 만든 벽돌들로 집을 지었다. 골목이 없고 집들이 따닥따닥 붙어 있어서, 사람들은 지붕에 난 구멍을 통해 집 안으로 들어갔다.

005

수메르인들은 누구인가?

기원전 4000년경 출신을 알 수 없는 어느 민족이 메소포타미아 지역으로 왔다. 바로 수메르인들이었다. 이들은 수많은 획기적인 발명품들을 내놓았는데,[1] 특히 그들의 문자는 대단히 중요한 의미가 있다.

수메르인들은 홍수가 나도 안전하도록 높은 언덕 위에 수많은 신전 도시를 세웠다. 각 신전은 개별적인 도시 국가의 중심을 이루었다. 그 꼭대기에는 엔릴(Enlil) 신의 최고 사제인 루갈(lugal, 큰 사람)이 살았다. 신전의 주인인 루갈은 도시의 종교와 정치를 관장했고, 도시 주변 지역도 다스렸다. 관료 집단이 땅과 물을 관리했는데, 이들은 경작지를 얼마만큼씩 분배할지, 또 밭에 얼마나 많은 물을 댈지 등을 결정했다.

물을 최대한 잘 이용하려면 정확한 관측이 필요했다. 그래서 수메르인들은 세계 최초의 천문학자이자 수학자가 되었다. 수메르인들은 달력도 만들었다. 이들의 12진법은 오늘날까지도 우리가 시간을 나타내는 데 사용된다. 수메르인들은 물건의 수나 날짜를 나타내기 위해 무른 점토판에 뾰족한 도구로 선들과 그림문자들을 그렸다. 이것이 쐐기 모양의 문자들로 발전했고, 곧 단순한 그림이 아닌 음절과 발음을 나타낼 수 있는 문자로까지 진화했다. 이로써 상세한 의사 전달이 가능하게 되었다. 수메르인들은 이 쐐기문자가 적힌 점토판을 보존하기 위해서 점토판을 불에 구웠고 이 점토판을 보관하기 위해 도서관까지 만들었다. 따지고 보면 역사의 전승은 이때부터 시작된 셈이며, 우리가 그 전 시대에 대해 알고 있는 내용은 전부 고고학자들에 의해 밝혀진 것이다.

---

1 바퀴를 발명한 것도 수메르인들이다. 그 덕분에 배를 타고 강을 따라 무역 활동을 하던 수메르인들은 황소나 당나귀가 끄는 수레를 이용해 물건을 육지로 운반할 수 있었다.

006

최초로 법률을 공포한 사람은
누구인가?

오늘날 파리 루브르 박물관에 소장된 돌기둥에는 다음과 같은 내용이 적혀 있다.
'이것은 지혜로운 함무라비 왕이 그의 나라에서 바른 행실과 엄격한 규율을 정립
하려고 만든 정의로운 판결문이다.'

돌기둥에서 언급된 왕은 기원전 1729~1686년에 메소포타미아의
바빌론이라는 도시를 통치한 함무라비 왕이다. 수메르인들의 도
시 국가들은 원래 서로 싸우기 일쑤였고, 잠시 연합했다가도 곧 다
시 붕괴되곤 했다. 그런데 기원전 20세기 초 바빌론의 통치자들은
바빌론을 메소포타미아 대부분 지역을 아우르는 제국의 중심 도
시로 만드는 데 성공했다.

함무라비는 바빌론의 통치자들 중에서도 가장 중요한 왕이다.

그는 자신이 내린 판결들에 기초한 법 원칙들을 돌에 새기도록 했다. 오늘날 '함무라비 법전'이라 불리는 그것은 사소한 위법 행위에도 잔인하리만치 엄한 벌을 내렸다. 하지만 그전까지는 사회적 권리가 전혀 없던 여성들에 대한 보호 규정도 포함되었으며, 노예들도 법의 보호를 받도록 했다. 심지어 이론적으로는 왕의 결정에 이의를 제기하는 것도 가능했다. 이를 통해 함무라비 왕은 자신의 통치권을, 말하자면 인간적인 수준으로 내려놓았다. 이것은 그때까지 메소포타미아에서 일반적이었던 **신권 정치**[1]와의 작별을 고하는 것이었다.

바빌론의 전성기와 관련된 또 하나의 기록은 바로 '길가메시 서사시'이다. 이것은 전설적인 수메르의 영웅, 우루크의 왕 길가메시가 영생을 얻기 위해 떠난 모험을 찬미한 작품이다. 길가메시 서사시에 나오는 수많은 에피소드들은 후에 등장한 성경의 이야기들(예를 들면 대홍수 같은)과 놀라울 정도로 유사하다.

---

1 **신권 정치** 왕은 신이 정해 주는 자리이며 따라서 왕의 결정은 곧 신의 뜻이라는 관념.

007

아시리아인들은 누구인가?

메소포타미아 북부 전사들의 민족, 아시리아인들은 기원전 14세기부터 메소포타미아 일대를 지배했다. 그들은 활동 반경을 점차 넓혔고, 그들의 제국은 지중해까지 이르렀다.

돌에 조각된 아시리아 부조를 보면 아시리아 왕들은 전차에 서서 달려드는 사자들에게 활을 겨누고 있다. 그들은 용기와 힘을 보여주는 것을 무엇보다 중시했다. 이러한 난폭함은 전쟁에서도 드러났다. 아시리아인들은 정복한 땅에서 추방, 파괴, 약탈을 자행하고 사람들을 강제로 끌고 가 노예로 부리기도 했다.

아시리아의 포위 부대는 공성 망치(성벽이나 성문을 파괴하는 무기-역주)와 돌격 방패 같은 새로운 종류의 무기들을 이용해 성벽으로 둘

러싸인 도시들에 침입했다. 이들의 날쌘 기마 부대와 전차들은 근동 지역 전체에서 공포의 대상이 되었다. 아슈르바니팔 왕(기원전 669~627년)의 통치하에서 아시리아의 영토는 오늘날의 이란 남부에서 이집트까지 이르렀다. 아시리아의 왕들은 왕궁 내에 압도적인 규모의 건축물들을 건설했다.

그러나 아슈르바니팔이 세상을 떠난 지 얼마 되지 않아 아시리아는 쇠퇴의 길을 걷게 되었다. 기원전 614년과 612년, 이란의 메디아와 바빌로니아의 연합 공격에 의해 수도였던 아수르와 니네베가 차례로 함락되었던 것이다. 바빌로니아인들은 네부카드네자르 2세(Nebuchadnezzar II, 기원전 607~562년) 시절에 아시리아인들의 뒤를 이어 또 한 번 이집트와 전쟁을 벌였다. 그들은 예루살렘을 정복, 파괴하고 주민들을 비빌론으로 끌고 갔는데, 이것이 바로 성경에서 말하는 유대인들의 **바빌론 유수**[1] 이다.

---

1 바빌론 유수 이후 유대인들은 고향으로 돌아오기 전까지 수십 년간 고된 타향 생활을 했고, 이는 아픈 역사로 남았으나 민족적 정체성을 강화시키는 계기가 되었다.

——008——

나일강은
왜 신처럼 숭배를 받았나?

이집트인들은 나일강을 '나일강 아버지'라 불렀다. 이집트인들은 예술 작품에서 그를 여성처럼 풍만한 가슴을 지닌 남자로 표현했다. 여름철 일어나는 나일강의 범람은 농토에 비옥한 진흙을 운반해 주는 축복이었기 때문이다.

9월에 물이 빠지고 나면 파종이 시작되었고, 이듬해 봄에 수확을 했다. 이집트인들은 정교한 수로 정비를 통해 진흙이 최대한 넓은 지대로 고루 퍼지도록 했다. 도랑에는 건기에 사용할 물이 준비되어 있었다. 높은 지대에 있는 밭까지 물을 운반하기 위해 이집트인들은 지렛대의 원리를 이용해 물을 퍼 올리는 기계인 샤두프를 개발했다. 그들은 보리와 밀을 재배해 빵과 맥주를 만들고 **아마**[1]를 길러 옷감을 얻기도 했다.

이집트인들은 노련한 수공업자이자 기술자들로, 구리와 청동의 세공에 능할 뿐 아니라 유리 생산까지 섭렵했다. 토산품들을 널리 판매하기도 했다. 이들은 나일강을 거슬러 올라 수단에 이르렀으며 배로 홍해를 건너 동아프리카까지 가서 귀중한 원료를 수입해 왔다. 지중해 동부 국가들과도 교역 관계를 맺었다. 선박은 처음에는 파피루스로 만들어졌다. 기원전 약 2800년부터는 나무배들도 생겨났는데, 점차 개량되고 커졌으며 일부에는 돛이 달리기도 했다. 하트셉수트 여왕의 전설적인 푼트(Punt, 오늘날의 소말리아 혹은 예멘까지 아우르는 지역) 원정은 분명 이러한 배들을 이용해 이루어졌을 것이다.

---

1 **아마** 쌍떡잎식물의 일종으로, 껍질은 옷감과 종이 등에 쓰이고 씨에시 짜낸 기름은 약새나 잉크 등으로 사용한다.

009

피라미드는 누가 지었나?

이집트인들은 바람에 말린 벽돌로 집을 지었다. 이런 집들은 시간이 흐름에 따라 그 흔적을 거의 찾아볼 수 없게 되었다. 그러나 그들이 왕에게 경의를 표하기 위해 지은 석조 건축물, 피라미드는 훨씬 더 견고했다.

처음에 나일강변에는 강의 상류와, 삼각주가 시작되는 하류에 각각 다른 제국이 있었다. 이 두 제국은 기원전 3000년경 통합되었다. 이 제국의 권력 중심지는 인구밀도가 높은 삼각주 지역이었으며, 많은 통치자들이 이 지역에 있는 멤피스에서 살았다. 통치자는 큰 집이라는 뜻의 **파라오**[1]라 불렸다. 파라오는 이전 두 제국의 통합을 나타내는 빨간색과 하얀색의 이중 왕관을 썼다.

이집트인들은 장례 의식을 거창하게 치렀다. 그들은 사후 세계가 존재하며, 그곳에서는 최후의 심판자인 오시리스가 망자의 행실을 판단하여 살려 둘지 말지를 결정한다고 믿었다. 파라오는 당연히 저승에서의 삶이 보장되었다. 그래서 파라오의 시신은 미라로 영원히 보존하기 위해 정교하게 방부 처리되었다.

일명 제3왕조의 통치자였던 조세르는 최초로 피라미드 모양의 기념비적인 무덤을 짓도록 했다. 그 피라미드가 그의 미라를 보존하고, 그가 저승으로 오르는 길이 되어 줄 거라는 생각에서였다. 동시에 그것은 나라의 힘과 권력을 과시하는 상징적인 건축물이기도 했다.

가장 웅장한 피라미드들은 제4왕조(기원전 2570~2460년경)[2] 파라오들의 통치하에 지어졌으며, 그중에서도 기자에 있는 쿠푸 왕의 피라미드가 146미터로 가장 높다. 이것을 짓기 위해 10년 동안 일꾼 10만 명이 동원된 것으로 추정한다.

---

1 파라오는 매의 형상을 한 호루스 신의 현신으로 여겨졌다.

2 기록에 따르면 기원전 2900년과 332년 사이에 31개의 파라오 왕조가 존재했다.

010

이집트의 황금기는 언제였나?

18~20대 왕조(기원전 1551~1070년) 파라오들의 통치 시절 이집트는 근동의 강대국으로 거듭났다. 통치자들과 고위 관료들의 궁전에서는 호화로운 이집트 문화의 진수를 볼 수 있다.

이집트 제국에는 훈련받은 직업 군인들이 있었다. 투트모세 1세(기원전 1506~1494년)나 투트모세 3세(기원전 1490~1436년)처럼 패기 넘치는 파라오들은 성공적인 출정을 통해 이집트의 국경을 유프라테스강과 누비아(아프리카 북동부 이집트 남부에서 수단 북부에 걸친 지역-역주)까지 넓혔다. 시리아와 팔레스타인은 이집트의 지배를 받았다. 상인들은 세계 곳곳의 자원들(금, 상아, 흑단, 향 등)을 나일강변으로 가지고 왔다.

아메노피스 3세(기원전 1402~1364년)의 궁전은 특히 화려했다. 평민들은 맥주와 빵을 먹고 살았던 반면 지배 계층은 사치스러운 생활을 누렸다. 이들은 욕실과 그늘진 안마당이 있는 집에서 하인들을 부리며 살았다. 공예도 발달했다. 당시 그려진 그림은 상류층 여성들이 얼마나 화려하게 치장하고 살았는지를 보여준다.

모든 통치자들 중에서 유별난 관심사 때문에 눈에 띄는 파라오가 있었으니, 바로 그러한 모든 세속적인 일들로부터 등을 돌렸던 아메노피스 4세(기원전 1364~1347년)이다. 아크나톤이라고도 불리는 그는 오로지 종교에만 관심을 보였다. 그는 제사장들과 대립하고 대부분의 신들에 대한 숭배를 불필요한 것이라 천명했다. 그리고 생명을 주는 태양의 신, 아톤만을 섬겼다. **일신교**[1]에 대한 그의 때 이른 시도는 아크나톤의 죽음과 함께 끝이 났다. 하지만 그의 아내 노프레테테의 흉상(현재 베를린에 있음)과 1922년에 이르러서야 발견된 그의 요절한 아들, 투탕카멘의 화려한 무덤(오늘날의 카이로에 있음)을 통해 볼 수 있듯이, 그 시대의 예술품들은 지금까지도 보존되어 있다.

---

[1] **일신교** 하나의 신만을 숭배하는 것.

—011—

상형문자란 무엇인가?

고도로 발달된 사회에서는 문자가 사용되었다. 이집트에서는 모든 것을 기록했다.
조세 수입, 상거래, 법률과 천체 관측까지.

메소포타미아 민족들은 **쐐기문자**[1]를 사용했던 반면 이집트인들은
다른 길을 택했다. 바로 일종의 그림문자인 상형문자(hieroglyph, 그
리스어로 '신성한 문자'를 뜻함)를 개발했던 것이다. 처음에는 '집'처럼 구
체적인 것들을 간소화해서 그렸다. 그다음 단계에서는 그러한 그
림들이 소리를 갖게 되었다. 약 700개의 문자가 사용되었다.

회화적인 상형문자는 신전과 무덤의 벽화, 비석과 부조 묘비인
스텔레에도 사용되었다. 공고문, 서신, 메모와 문학적, 과학적 텍

스트에는 여러 선들의 조합으로만 이루어진 더 간단한 형태의 상형문자가 쓰였다.

　메소포타미아에서는 젖은 점토판에 글씨를 새겼던 반면에 이집트인들은 파피루스로 만든 종이를 이용했다. 그들은 길게 자란 풀줄기의 심을 길게 자른 뒤 나란히 놓고 망치로 두들겼다. 이때 나오는 끈적한 진액이 그 조각들을 서로 붙게 했다. 이렇게 만들어진 일종의 종이는 잉크로 글씨를 쓸 수 있었다.

　서기 200년경에 이르자 이집트에서는 상형문자가 쓰이지 않게 되었다. 그 사이 그리스 알파벳을 쓰게 되었던 것이다. 그 이후 사람들은 그 그림들을 마법의 기호로 여기기도 했다. 1822년에 이르러서야 프랑스의 이집트 학자인 장 프랑수아 샹폴리옹이 처음으로 이 상형문자를 해독해 냈다.

1　**쐐기문자** 설형문자라고도 불린다. 점토판에 갈대나 금속을 이용해서 새기며, 상형문자에 비해 추상적인 **도형으로** 이루어져 있다.

012

성경은 어떻게 탄생했나?

고대의 강대국들 사이에 끼어 있던 어느 작은 민족의 종교와, 그 행적을 기술한 책은 후세에 지대한 영향을 끼쳤다.

팔레스타인 땅은 여러 대제국들과의 접경지대에 있었다. 기원전 1200년경, 셈족이 사막에서부터 이 땅으로 들어왔다. 이들은 후에 유대인으로 불리게 되었다. 사울, 다윗, 솔로몬 같은 왕들의 지배 하에 그들은 예루살렘을 중심으로 하는 제국을 건설했다. 이곳에는 그들의 신을 섬기기 위한 성전이 있었다. 유대교는 다른 종교들과는 달리 유일신을 섬겼는데, 그는 어느 누구도 그릴 수 없는, 눈에 보이지 않는 존재였다.

기원전 597년과 587년, 바빌로니아인들은 두 차례에 걸쳐 팔레스타인을 점령하고 유대 민족의 대부분을 메소포타미아로 끌고 갔다(29쪽 참조). 유대인의 '바빌론 유수'는 수십 년 동안 계속되었다. 이 시기에 구약 성경의 첫 집필이 이루어졌다. 신에게 선택받았다는 공동의 믿음과 확신이 그 민족을 단결시켰다. 낯선 땅에서 쇠망하지 않기 위해 유대인들은 구전된 그들의 종교와 법률을 글로 기록했다.

기원전 538년, 바빌론을 지배하던 페르시아 왕 키루스 2세(Cyros II)는 유대인들이 팔레스타인으로 돌아가도록 허락했다. 하지만 외세의 지배는 끊이지 않아서, 서기 70년 로마인들은 예루살렘과 성전을 파괴했다. 유대인들은 135년 최후의 반란 후 그 땅에서 쫓겨나고 말았다. 이로써 2000년에 달하는 떠돎, **디아스포라**(Diaspora)가 시작되었고 오직 믿음만이 이 유대인 공동체를 결속시켰다.

---

1 **디아스포라** 팔레스타인을 떠나 다른 지역에 흩어져 살면서도 유대교의 전통을 유지하며 살아가는 유대인 공동체

—013—

페르시아인들은 얼마나 강했나?

메소포타미아 문명의 후예는 페르시아인들이었다. 그들은 본래 오늘날의 이란 지역에 살았으며, 기원전 700년경 메디아족과 동맹하여 그 땅에 침입했다.

키루스 대왕(키루스 2세, 기원전 559~529년)은 메디아와의 공동 통치를 끝내고 인더스강에서 지중해까지 이르는 페르시아 대제국을 건설했다. 그의 아들 캄비세스 2세(Cambyses II, 기원전 529~522년)는 이집트까지 정복했다. 페르시아 제국은 20개 주로 나뉘어 있었다. 도로망이 잘 확충되어 있었던 덕분에 군대가 빠르게 이동할 수 있었고 무역에도 유리했다. 페르시아는 최초로 우편제도를 갖춘 제국이었기에 왕의 사환들이 상시 활동했다.

페르시아인들은 이 세상을 선한 신 아후라 마즈다(Ahura Mazda)와 그에 대립하는 악한 신 아리만(Ahriman)의 끊임없는 전쟁터로 보았다. 이것은 기원전 600년경에 살았던 것으로 추정되는 예언자, **자라투스트라**(Zarathustra)[1]의 가르침이었다. 그러나 페르시아 제국은 종교적 관용을 내세웠으므로 다른 제식(예를 들면 유대교)들도 존속될 수 있었다.

페르시아의 통치자들은 스스로를 샤안샤(Shahanshah, '왕 중의 왕')라 칭했다. 그들의 거처는 메소포타미아 수사(susa)의 행정 수도인 페르세폴리스(persepolis)에 있었다. 그러나 이렇게 강력했던 페르시아도 그리스인들을 무찌르지는 못했다. 다리우스 1세(Darius I)는 마케도니아와 트라키아를 정복하고 그리스인들을 소아시아에서 몰아냈지만, 그와 그의 아들 크세르크세스(Xerxes)의 아테네 출정(각각 기원전 490년, 기원전 480/479년)은 모두 실패로 돌아갔다. 기원전 331년 페르시아 제국을 멸망시킨 것도 알렉산더 대왕(Alexander The Great, 56쪽 참조) 치하의 그리스인들이었다.

---

1 **자라투스트라** 조로아스터라고도 불리며, 유일신 아후라 마즈다를 믿는 고대 페르시아 종교의 창시자이다.

014

불교는 어떻게 생겨났나?

비옥한 인더스강 유역에서는 이집트와 메소포타미아에서처럼 농경 문명이 발생했다. 인도는 세계적인 종교의 발상지가 되었다.

인더스강 유역에 있는 하라파(harappa)와 모헨조다로(mohenjo daro) 유적은 기원전 2500~1800년 인도 북부에 고도로 발달된 문명이 존재했음을 증명했다. 당시 3만~4만 명에 달하는 사람들이 이곳에서 청동기를 생산하고 물레를 돌려 도자기를 만들었던 것으로 추정된다.

그 이후 이 고대 농경 문명은 중앙아시아에서 온 민족, 아리아인들과 그들의 유목 생활로 인해 쇠퇴했다. 그러나 시간이 지나자 아리아인들 역시 정착 생활을 하며 벼농사를 짓게 되었다. 이에 따라 사회적 계급 구조인 카스트 제도도 생겨났다. 최고 계급은 브라만(성직자)이며, 그 다음으로는 크샤트리아(무사), 바이샤(농부와 상인), 그리고 수드라(노예) 순으로 이어졌다. 카스트 제도의 밑바닥에도 속하지 못하는 파리아(불가촉천민)도 있었다.

아리아인들은 자신들의 신념을 베다(Veda)에 기록했다. 베다는 태양의 신, 불의 신과 같은 자연신들이나 전쟁의 신 인드라(Indra)에게 바치는 노래를 모은 경전이다. 베다교에는 주술적 의식, 성직자 계급 등이 점차 강하게 유입되었다.

기원전 500년경 종교 개혁 운동이 일어났다. 젊은 귀족이었던 고타마 싯다르타는 자신의 계급과 호화로운 삶을 버리고 단식과 명상을 한 끝에 깨달음을 얻게 되었다. 그의 존칭인 부처는 '깨달은 자'라는 뜻이다. 부처는 카스트 제도를 반대하고 **8정도**[1] 에 따른 바른 생각과 행동을 통해 누구나 행복의 경지인 열반에 이를 수 있다는 교리를 펼쳤다.

ⅼ　**8정도** 삶의 고통을 끊는 여덟 가지 방법으로, 정견(正見) · 정사유(正思惟) · 정어(正語) · 정업(正業) · 정명(正命) · 정념(正念) · 정정진(正精進) · 정정(正定)을 말한다.

—— 015 ——

중국의 역사는 언제 시작되었나?

이집트는 나일강 덕분에 땅이 비옥해졌다. '누런 강'이라는 뜻의 황하는 동아시아의 나일강과 같다. 황하 덕분에 그 지역의 농사는 풍작을 이루었다.

치밀한 치수 및 제방 공사의 결과, 사람들은 강을 잘 이용할 수 있게 되었다. 황하 중류에서는 기원전 600~400년에 존재했던 문명의 유적들이 발굴되었다. 이 시기의 사람들은 누에치기, 도자기 제조법을 알았으며 매듭을 묶어 만든 문자를 사용했다.

그러나 진짜 중국의 역사는 기원전 1500년경 상 왕조가 건국되면서부터 시작된다. 그때의 왕은 곧 제사장이었다. 그는 '하늘의 아들'로서 인간과 우주의 조화인 '도(道)'의 법칙을 대변했다. 문자도 개발되었는데, 이는 변형된 형태로 오늘날까지도 중국에서 사용되고 있다.

고대 중국에서는 철학이 발달했으며 가장 중요한 철학자로는 공자(기원전 551~479년)가 있다. 그는 **유교**의 창시자로 인(仁), 의(義), 예(禮), 지(智), 신(信)이라는 5대 덕목을 골자로 하는 도덕적 가르침을 설파했다.[1]

한 왕조(기원전 206년~서기 220년) 때에는 '중화왕국'의 범위가 최대로 확대되어 한국, 만주, 투르케스탄과 베트남의 일부도 그에 포함되었다. 이때 중국에서는 종이가 발명되었고, 먼 지역과도 무역을 하여 로마제국까지 비단을 수출할 정도였다. 시안의 발굴 현장을 보면 이 왕국의 세력이 얼마나 대단했는지 알 수 있다. 1974년 시안에서는 점토로 만든 실물 크기의 사람 모형들로 이루어진 군대가 발굴되었다. 완전 무장한 7000명의 무사들이 말, 전차를 이끌고 저승으로 가는 황제를 호위하고 있다.

---

[1] 유교는 기원전 200년경 체계화되었으며 약 2000년간 중국을 비롯한 동아시아 국가들의 국가 이념으로 자리 잡았다

—016—

트로이 전쟁은 실제로 있었나?

이번에도 고대 그리스의 이야기이다. 크레타섬에는 평화를 사랑하고 삶의 기쁨을 추구하는 문명이 생겨났고, 중앙 그리스에서는 방어 시설을 갖춘 언덕 위의 요새에 무사 사회가 형성되었다.

기원전 2600~1450년, 유럽과 동양의 영향을 모두 받은 크레타섬은 문명이 고도로 발달해 있었다. 이곳은 여러 무역로의 교차점이었다. 소아시아, 사이프러스, 이집트, 그리고 지중해 서부 지역에서까지 배로 물건들이 들어왔다. 유적 발굴을 통해 증명되었듯이, 방어 시설은 없었다. 크레타섬에 살던 고대 그리스 민족인 미노아인들은 그들의 배를 보호막으로 삼았다. 궁전과 별장들은 열려 있었고 호화롭게 꾸며져 있었다. 궁전의 의식들, 무도회와 각종 행

배는 물건을 운송했다. 이베리아반도(오늘날의 스페인)의 구리와 주석, 인기 있는 진미인 북아프리카의 타조 알, 이집트의 장신구와 직물, 시리아의 유리와 천연 수지를 들여오고, 올리브기름, 와인 등 고국의 산물들을 수출했다. 해전 시에는 배가 병력 수송과 전투 플랫폼 역할을 하기도 했다.

그리스 선원들은 지중해 연안에 거주지를 건설하고 많은 나라들과 교역을 했다. 고국 땅이 좁다고 느낀 수많은 그리스인들은 새로 건설한 식민지들로 이주했다. 이러한 방식으로 그리스의 세력 범위는 고국 밖으로 크게 확장되었다. 흑해 연안, 터키 서해안, 시칠리아섬과 남부 이탈리아에서는 오늘날까지도 그리스 문화의 흔적을 찾아볼 수 있다. 일례로 나폴리 근교에는 바다의 신 포세이돈에게 바쳐진 **파에스툼(Paestum) 신전**[1]이 있다.

---

1 **파에스툼 신전** 기원전 7세기 말, 그리스인 침략자들에 의해 지금의 이탈리아 남부에 건설되었으며 와여한 고대 그리스 양식을 하고 있다.

—018—

민주주의는 어디서 생겨났나?

고대 그리스인들에게 도시국가는 그들의 삶이 이루어지는 하나의 틀, 즉 한눈에 보이는 세계였다. 산맥 때문에 정착지들이 이곳저곳으로 나뉘어 수많은 도시국가들이 생겨났다.

그리스인들은 그러한 국가 제도를 폴리스(Polis)라고 불렀고, 이로 부터 정치를 뜻하는 '폴리틱(Politik)'이라는 말이 파생되었다. 그러나 제사장을 겸하는 왕과, 그 왕이 임명한 관료들이 통치했던 메소포타미아의 도시국가들과는 달리 그리스에서는 주민들 스스로가 국가를 다스렸다. 그리스에서 가장 크고 잘 조직화되었던 폴리스는 아테네였다. 이 형태 역시 완벽하지는 않았다. 예를 들어 여성과 노예는 정치에 참여할 수 없었다. 그러나 이것이 오늘날 대부분의 국가에서 시행하는 민주주의의 시초가 된 것은 부정할 수 없는 사실이다.

민주주의적 국가 형태는 귀족의 권력을 빼앗는 데서부터 생겨났다. 착취당하고 빚을 졌던 농민들은 귀족들에 대항하여 반란을 일으켰다. 기원전 594년 귀족 출신 솔론(Solon)은 헌법을 만들었다. 그는 시민들을 소득에 따라 네 개의 계급으로 나누고 각기 다른 권리와 의무(특히 군사적 의무)를 부여했다.[1]

솔론의 법 안에서도 귀족들과 부자들이 여전히 가장 큰 힘을 가졌다. 이러한 상황은 기원전 510년 아테네의 클레이스테네스(Cleisthenes)가 도입한 법에서 달라졌다. 그 이후 아테네와 그 주변의, 신분적으로 자유로운 모든 주민들은 민회에 참여할 수 있게 되었다. 민회는 국가의 최고 기구(organ)였다. 그들은 법안을 결의하고, 전쟁을 할지, 평화를 유지할지를 결정했으며 정부와 군대를 통제했다. 일상적인 행정 업무는 아테네의 10개 구역 대표들이 모인 '500인 평의회'에서 수행했다. 재판권은 많은 사람들이 모인 시민 법정에 있었다. 최고위직은 여전히 재력가들의 차지였지만, 민중들은 일명 도편 추방제(ostracism)를 통해 정치인들의 권력 남용에 개입할 수 있었다. 이 제도는 1년에 한 번 공익에 해가 될 만한 정치가를 골라 도자기 조각에 새기는 것이었다. 도편 조각이 6000개 이상 제출되면, 가장 많이 이름이 적힌 사람은 10년간 국외로 추방당했다.

· 아크로폴리스의 파르테논 신전 ·

아테네가 일궈낸 이 모든 민주적 성과들은 기원전 490년경 페르시아인들이 그리스 정복에 착수함에 따라 위험에 직면했다. 페르시아 왕 다리우스 1세의 군대가 그리스 중부의 에레트리아를 점령하고, 뒤이어 아테네를 점령하기 위해 마라톤(Marathon) 평야에 상륙하여 아테네를 공격하였다. 그러나 아테네 군대는 페르시아 군을 격파하였다.[2]

10년 뒤, 다리우스 1세의 뒤를 이어 즉위한 크세르크세스 1세가 직접 지휘하는 페르시아 군대에 의해 아테네는 다시 공격당했다. 이때 아테네는 시가지가 파괴당하는 수모를 겪었으나 결국 다시 한번 그리스 땅에서 페르시아군을 몰아내는 데 성공한다.

페르시아인들이 물러가고 난 후 그리스의 문화 부흥기가 시작되었다. 전쟁으로 파괴되었던 아테네는 재건되었다. 이 시기에 아크로폴리스에 세워진 신전은 오늘날까지도 사람들을 경탄하게 만든다. 그리스 화가와 조각가들은 불후의 작품들을 창조해냈다. 소포클레스(Sophocles)는 『아이아스』, 『안티고네』, 에우리피데스(Euripides)는 『메데이아』, 『이피게네이아』 등, 그리스의 전설에서 따온 소재들로 비극 작품들을 썼다. 역사 저술의 기반이 닦인 것도 이 시기이다. 헤로도토스(Herodotos)는 페르시아와의 전쟁을 다룬 『역사』를 저술하였고 투키디데스(Thucydides)는 『펠로폰네소스 전쟁사』를 통해 신화와 사실을 분리하여 역사를 바라봄으로써 실증주의 역사학의 아버지가 되었다. 플라톤(Platon)과 아리스토텔레스(Aristoteles)는 현대 철학의 기반을 다졌다.

---

1   폴리스의 시민들은 대지주와 대상인부터 임금 노동자에 이르기까지 여러 계급으로 나뉘었다. 노동자들에게는 정치적 권리가 없었으며 전쟁 시 배에서 노를 젓거나 보병으로 투입되었다.

2   마라톤 전투에서 그리스가 페르시아 왕 다리우스 1세에게 승리하자 한 연락병이 약 42킬로미터를 달려 아테네에 승전보를 전했다. 이 사건은 마라톤 경주의 유래가 되었다.

019

그리스에서는
왜 전쟁이 끊이지 않았나?

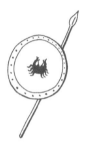

그리스의 도시 국가들은 페르시아에 대항해 함께 맞섰지만, 그러한 위험이 물러가고 나자 다시 전처럼 경쟁하게 되었다. 그리스에서는 수십 년간 전쟁이 계속되었다.

아테네는 해상 강국이었다. 에게해의 섬에 있는 도시들을 포함, 약 200개의 도시들은 아테네를 중심으로 하는 **델로스동맹**[1]을 맺었다. 하지만 아테네는 비슷한 수의 동맹국들을 가진 스파르타와 끊임없이 충돌했다. 펠로폰네소스반도에 있던 스파르타는 정복 전쟁을 통해 탄생한 도시 국가로, 전쟁이란 그들이 존재하는 이유나 다름없었다. 스파르타인들은 그들이 점령한 땅에서 지배 계층이 되어 살았다. 모든 스파르타 시민의 아이들은 군대식으로 양육되었다. 용기와 인내, 복종이 그들의 최고 덕목이었으며, '스파르타식'이라는 말은 오늘날 엄격함을 골자로 하는 생활 방식이나 교육 방식을 일컫는다.

스파르타와 아테네 두 진영이 벌인 펠로폰네소스 전쟁은 기원전 404년 아테네의 패배로 끝났다. 하지만 스파르타인들은 승리의 기쁨을 제대로 맛보지도 못한 채 곧이어 테베군과 맞서게 되었다. 그리스 내전들로 이득을 본 것은 그리스 북부에 살던 마케도니아인들이었다. 기원전 337년 마케도니아의 필리포스 2세(Philippos II)는 그리스의 도시 국가들이 자신이 주도하는 동맹에 가입하도록 했다. 이로써 그는 그의 아들 알렉산더 대왕이 세계적인 제국을 건설할 수 있도록 하는 기반을 만들었다.

그러나 그러한 내전들 속에서도 그리스인들이 반드시 지켰던 것은, 바로 4년마다 올림피아의 제우스 신전에서 최고의 운동선수들이 모여 경기를 벌이는 올림피아 제전이었다. 이 기간 동안에는 모든 전쟁이 중단되었다.

---

1 **델로스동맹** 페르시아의 침략에 대비하여 아테네를 중심으로 하여 그리스의 도시국가들이 맺은 해군 동맹

020

알렉산더 대왕은 누구인가?

그는 22세에 세계적인 제국을 건설하기 위한 정복을 시작했고, 33세에는 자신의 목
표들 중 아무것도 달성하지 못했다는 생각에 절망한 채 세상을 떠났다. 하지만 그는
역사상 전례 없는 업적을 남긴 인물이었다.

기원전 334년 마케도니아의 젊은 왕 알렉산더는 일생일대의 사업
을 시작했다. 그는 그리스 동맹군을 이끌고 보스포루스 해협을 건
너 소아시아(오늘날의 터키)에 침입했다. 영광스러운 승리들이 이어
졌다. 알렉산더 대왕은 시리아를 거쳐 이집트로 갔고, 그곳에서
파라오의 후계자로 환영을 받았다. 기원전 331년 가우가멜라 전
투로 페르시아 제국은 멸망했다. 그러나 알렉산더 대왕은 이에 만
족하지 않고 세상 끝까지 나아가고자 했다. 그는 오늘날의 아프가

니스탄을 지나 인도까지 진출했다. 하지만 그곳에서 그의 군사들이 반란을 일으키는 바람에 그는 발길을 돌릴 수밖에 없었다. 바빌론에 있는 거주지에서 아라비아로의 출정을 준비하던 중 그는 술잔치를 벌이다가 죽음을 맞이했다.

알렉산더 대왕은 그리스와 페르시아를 아우르는 대제국을 만들고자 했다. 그는 자신의 군인들과 페르시아 여성들 간의 집단 결혼식을 주최하고 은화를 사용했으며 군사 개혁에서 페르시아와 그리스의 군대를 동등하게 대우했다. 알렉산더 대왕의 제국은 일명 디아도코이(diadochoi)라고 부르는 그의 후계자들의 시대에 여러 부분들로 나뉘었지만, 그가 건설했던 경제적 통일체에서는 동서양이 서로 만나는 **헬레니즘**(Hellenism)[1] 문화가 펼쳐지게 되었다. 이때 수학, 천문학, 지리학, 의학과 같은 학문들이 꽃을 피웠다. 그 마케도니아의 왕이 이집트에 건설했던 도시, 알렉산드리아에 있는 도서관은 세계적인 학문의 중심지가 되었다.

---

1 **헬레니즘** 그리스 정신이라는 의미로 고대 그리스인들이 스스로를 지칭하는 이름인 헬라스(Hellas)에서 유래되었다. 동서양 문화의 융합으로 세계시민주의가 나타났으며 자연과학이 발달하였다

—021—

로마는
어떻게 생겨났나?

이탈리아 중부 테베레강 하류의 일곱 언덕들은 한 세계적인 제국의 시초가 되었다.

기원전 800년경 이 지역에는 기원전 1200년경에 이미 이주해 온 라티움인들이 살고 있었다. 이들은 후에 이주해 온 에트루리아인들의 지배를 받았다. 에트루리아인들은 기술적, 문화적으로 고도로 발달된 문명을 건설했으며, 정치적으로도 흔히 우리가 로마의 전유물로 알고 있는 많은 제도들(원로원, 민회, 선거인단과 집행관 제도 등)을 만들었다.

　에트루리아인들이 세력을 떨치던 기원전 600년경 테베레강 유역에 있던 라티움인들의 정착촌들은 서로 동맹을 맺었다. 로마는 에트루리아의 한 가문 이름이었던 루마(Ruma)에서 유래했다. 바다와 연결된 여울가라는 유리한 입지 조건 덕분에 이 지역은 빠르게 성장할 수 있었다.[1] 로마는 에트루리아에서 벗어난 뒤 기원전 510/509년에 **공화국**[2]이 되었다. 이 시기에는 매년 새로 선출되는 두 명의 집정관(consul)이 최고의 권력을 가졌다. 이들의 싵에는 나이 많은 원로들의 의회인 원로원이 있었다. 재판은 법무관이, 재정은 재무관이, 풍기 단속은 감찰관이 맡았다.

다만 로마 공화국은 다분히 귀족 중심적이었다. 원로원과 고위 관직은 귀족들만이 맡을 수 있었다. 이에 부당함을 느낀 평민들의 투쟁으로 호민관이라는 관직이 생겼다. 평민 출신 남자들로 구성된 이들은 원로원에서 평민들의 입장에서 부당한 결정이 있을 시 거부권(veto)을 행사할 수 있었다.

---

[1] 로마는 기원전 753년 늑대 젖을 먹고 자란 로물루스(Romulus)와 레무스(Remus) 형제에 의해 세워졌다는 말이 있지만, 이는 전설일 뿐이다.

[2] **공화국** 국민이 정해진 법적 조건에 따라 국가 권력을 나누어 행사하며 이에 따라 일정 기간 동안 국민의 대표를 선출하는 나라

——022——

로마는 어떻게 세력을 확장했나?

스스로에게 엄격했다는 점에서는 로마인들도 스파르타인들 못지않았다. 하지만 정복지를 다스리는 방식은 매우 달랐다.

스파르타는 피지배민들의 모든 권리를 빼앗았다. 반면에 로마는 점차 자신의 지배하에 들어오게 된 이탈리아인들이 자치를 할 수 있도록 허락하고 로마 시민권을 부여했다. 또 스파르타 시민들은 군대 일에만 전념했던 데에 반해 로마의 군인들은 농부나 수공업자로도 일했다.

기원전 387년 켈트족이 로마를 점령했던 때처럼 이탈리아 내의 주도권 싸움 중 일어난 반격으로 로마가 위험에 처했던 적도 여러 번 있었다. 그러나 로마인들은 그때마다 다시 일어섰다. 기원전 272년 그리스 식민지 **타렌툼 사건**[1]으로 로마는 **아펜니노(Apennine)**[2] 반도 전체를 지배하게 되었다.

하지만 얼마 되지 않아 또 다른 적수가 나타났으니, 바로 지중해 무역의 지배적 역할을 하던 튀니스만 유역의 카르타고인들이었다. 두 강대국은 시칠리아 점령을 누고 서로 대지하게 되었다. 세 차례의 대전이 일어났고 결국에는 로마인들이 우위를 차지했다.

테베레강 유역의 이 공화국이 가장 위험했던 순간은 카르타고의 한니발(Hannibal) 장군이 알프스를 넘어 이탈리아의 심장부로 쳐들어왔을 때였다. 기원전 216년 칸나에 전투에서 한니발이 대승한 뒤 로마는 무너지기 일보직전이었다. 로마인들은 오로지 불굴의 지구력으로 재앙을 막아 냈다. 그들은 재빨리 새로운 군대를 배치한 뒤 상대방의 힘을 빼고 지치게 만드는 전략으로 전환하여 결국 한니발이 후퇴하게 만들었다. 그리고 기원전 146년, 로마는 마침내 카르타고를 정복하여 멸망시켰다.

---

1 **타렌툼 사건** 남부 이탈리아의 발달한 도시국가이던 타렌툼은 로마와의 긴 전쟁 끝에 결국 항복하였다.

2 **아펜니노** 이탈리아의 대부분에 걸쳐 뻗어 있는 산맥

023

로마에서는
어떤 사회적 갈등이 있었나?

로마는 세계적인 강국으로 거듭나며 사회적 위기를 겪게 되었다. 오랜 전쟁으로 농민들을 농사를 짓기 힘들어졌다. 식량은 시칠리아와 북아프리카에서 조달되었다.

많은 소농들이 자신의 땅을 팔아야 했다. 그 땅들은 대지주의 소유가 되어 목초지로 조성되거나 노예들에 의해 경작되었다. 이어지는 전쟁에서 수차례 승리한 덕분에 노예들의 수는 많았다.

로마에는 소득도 재산도 없는 농민과 수공업자들이 많았다. 하지만 그들에게도 시민권은 있었다. 민회에서 국가의 사무에 대해 의결할 수 있었던 것이다. 그래서 부유한 정치인들은 뇌물로 대중의 표를 얻기에 유리했다.

티베리우스(Tiberius)와 가이우스 그라쿠스(Gaius Gracchus) 형제는 이러한 공적 생활의 황폐화에 반기를 들었다. 호민관으로 선출된 그들은 농민들이 예전의 자유로운 지위를 회복하도록 하는 법안을 제출했다. 티베리우스 그라쿠스는 다음과 같이 말했다. "이탈리아의 짐승들도 동굴, 보금자리나 은신처가 있는데, 이탈리아를 위해 싸우거나 죽은 사람들에게는 아무것도 없다." 아시면 이 형제의 개혁 시도는 실패하고 만다. 형 티베리우스 그라쿠스는 기원전 132년 정치적 적수들에게 살해당했고, 그의 동생 가이우스는 기원전 121년 한 **그라쿠스파의 살인 사건**[1]으로 수세에 몰리자 자살했다.

로마 군대는 그 사이 변화의 물결이 일어 직업 군인들로 이루어진 부대가 되었다. 이들은 곧 더 이상 국가가 아닌 장군을 따르게 되었고, 장군들은 정치를 하기 시작했다. 더 큰 군대를 거느린 사람이 권력을 차지하게 되었다.

---

[1] 가이우스의 추종자들이 한 관리를 살해된 사건을 빌미로 원로원은 가이우스를 로마의 적으로 규정했다. 결국 가이우스를 따르는 세력은 무력 투쟁 끝에 패배하고 가이우스는 스스로 목숨을 끊었다.

024

율리우스 카이사르는 누구인가?

라틴계 학생들은 여러 세대에 걸쳐 카이사르의 『갈리아 전기』를 번역해야 했다. 이는 카이사르가 갈리아(오늘날의 프랑스)의 총독으로 있을 때 갈리아인들과의 전쟁에 대해 집필한 책이다.

율리우스 카이사르(Julius Caesar)는 '카이저(Kaiser, 독일어로 황제를 뜻함-역주)'의 유래로 유명하다. 그의 정치적 경력은 갈리아 정복과 함께 시작되었다. 이 일로 자신에게 충성하는 군대를 손에 넣게 된 그는 폼페이우스(Pompeius)를 이기고 로마의 통치자가 되었다. "주사위는 던져졌다." 이는 그가 갈리아와 이탈리아 사이를 흐르는 루비콘강을 건널 때 했던 말이다.

카이사르의 정책들로는 무산 계급인 **프롤레타리아**(Proletarier)[1] 에게 토지 분배, 도시 건설을 통한 일자리 창출, 테베레강 치수 사업, 시민의 권리 신장을 수반한 국가 개혁, 시간 계산법 통일 등이 있었다.

처음에 그는 공화국 법을 따랐다. 하지만 그가 정말 황제가 되려고 했던 것은 아니더라도 종신 통치권을 얻으려 했던 건 분명했다. 이미 카이사르는 자신을 위해 완전히 새로운 로마의 체제를 마련해 놓은 상황이었다. 이는 공화정 지지자들이 그를 제거해야 할 충분한 이유가 되었다. 기원전 44년 3월 15일, 카이사르는 원로원에서 살해당했다.

그 이후 마르쿠스 안토니우스(Marcus Antonius)와 카이사르의 종손, 옥타비아누스(Octavianus)가 카이사르의 후계자이자 유언 집행인으로 나섰다. 이들은 기원전 42년 마케도니아 필리피에서 카이사르를 살해한 이들을 함께 무찔렀다. 그러나 그 후 그 둘은 최후의 결전을 벌였다. 옥타비아누스가 승리했고, 마르쿠스 안토니우스와 그의 아내 이집트 여왕 클레오파트라는 스스로 목숨을 끊었다. 옥타비아누스는 로마 제국의 통치자로서 로마에 입성했다. 내전은 끝났지만, 이와 함께 로마 공화정의 시대도 막을 내렸다.

| **프롤레타리아** 여기서는 최하층 시민 계급의 구성원을 의미한다.

025

로마의 황제 시대는
언제 시작되었나?

카이사르가 목표로 삼았으나 그를 죽인 이들이 막고자 했던 것을 옥타비아누스와
그의 후예들이 실현했으니, 그것은 바로 로마 제국이었다. 그들은 그저 그 이름을
대놓고 사용하지 않았을 뿐이다.

옥타비아누스는 자신의 독재 정치를 기존의 국가 관념에 교묘하
게 끼워 맞췄다. 그의 통치를 두고 로마에서는 집정관제라 했고,
속주(province, 屬州)[1]들은 제국이라 했다. 옥타비아누스는 제1인자란
뜻의 '프린켑스(princeps, 원수)'를 자처했고, 그에 따른 새로운 국가
체제는 프린키파투스(principatus, 원수정)라 불렸다. 기원전 27년 옥
타비아누스는 아우구스투스(Augustus, 고귀한 자)라는 존칭을 얻어 그
이름으로 역사에 남게 되었다. 그 시대 사람들은 그의 통치기(기원

전 29년~서기 14년)를 '황금기'로 여겼다. 그가 사망한 지 3년 뒤 '팍스 아우구스타(Pax Augusta)', 즉 세계 평화가 선언되었다. 로마는 서쪽으로는 스페인에서부터 동쪽으로는 아르메니아까지 지중해권 전체를 아우르는 문명 종주국이 되었다.

로마 제국은 거의 500년이나 존속했다. 황제들 중에는 클라우디우스, 베스파시아누스나 디오클레티아누스같은 영리한 지배자도 있었고, 도미티아누스나 트라야누스같은 정복자도 있었으며, 마르쿠스 아우렐리우스같은 철학자도 있었다.

또 칼리굴라는 권력에 취한 미치광이로 '자기 군인들을 낯선 적들로 가장시켜 가짜 원정을 펼쳤고, 대중의 환호와 박수갈채를 갈망했던 네로는 자기 목소리가 세상에서 가장 아름답다며 칠현금을 뜯고 노래를 불렀다. 코모두스는 직접 검투사로서 원형경기장에 나가기도 했다.

| 속주 로마의 지배를 받는, 이탈리아 밖의 정복지

026

로마 문명의 특징은 무엇인가?

수십 킬로미터 떨어진 곳까지 물을 운반했던 돌다리인 수도교(aqueduct)는 오늘날에도 많은 나라에서 볼 수 있는데, 이는 로마인들의 기술력을 보여주는 아주 작은 사례일 뿐이다.

로마 시대 때 마차들이 오갔던 도로들 역시 오늘날까지도 볼 수 있다. 시장, 관청 건물, 그리고 무엇보다도 사우나와 바닥 난방 시설을 갖춘 공중목욕탕과 (현대로 따지면) 피트니스 센터의 벽도 마찬가지다. 로마 제국 전체에는 상수도 및 목욕 시설이 잘 갖추어져 있었으며, 대도시에서는 심지어 쓰레기 수거와 하수 처리도 이루어졌다. 교통 규칙이 세워졌고, 시장에서의 질서가 수립되었으며, 로마 화폐가 통용되었다. 이러한 상황은 로마의 지배를 받는 민족들에게는 그 어떤 무기보다 더 큰 영향을 끼쳤다.

로마인들은 정복한 속주들에서 기술자와 학자들을 데려와 그들의 지식을 이용했다. 이들은 비록 노예 신분에 매여 있긴 했지만 들에서 뼈 빠지게 일하는 다른 노예들과는 다르게 최고의 대우를 받았으며, 일부는 믿기 힘든 업적을 남기기도 했다. 이로써 수백 년간 그리스, 이집트나 메소포타미아에서 축적되었던 지식이 보마로 유입되었다.

하지만 로마인들이 특히 뛰어났던 것은 이론적 지식들을 실행에 옮기는 능력이었다. 그들은 시멘트로 집을 짓고, 도르래가 있는 기중기를 이용했으며, 포도를 압착하는 나선 압착기와 곡식을 빻는 회전식 맷돌을 발명했다. 광산에서는 거대한 양수기들이 사용되었다. 그리고 유리 제조 기술도 탁월했다.

—— 027 ——

기독교인들은 왜 박해를 받았나?

로마인들의 종교는 대부분 그리스에서 유래했지만 동방에서도 다양한 종교들이 유
입되었다. 1세기에는 급진적이리만치 새로운 종교가 나타났으니, 바로 기독교였다.

나사렛 예수는 33년경 예루살렘에서 십자가에 못 박혔다. 그러나
그의 죽음이 곧 그를 중심으로 형성되었던 신앙 공동체의 해체로
이어진 건 아니었다. 그래도 타르수스(Tarsus) 출신의 **사도**(apostle)[1]
바울(Paul)이 아니었다면 기독교는 그저 팔레스타인 내의 한 종파
로만 남았을 것이다. 로마 시민권을 가졌던 이 유대인은 예수의
가르침에 따라 하나의 종교를 만들어 전파하고 교회라는 조직을
세웠다. 그는 기독교를 지중해권까지 전파했다.

기독교 교구들은 각자 주교를 뽑았다. 로마의 주교는 시간이 지남에 따라 점차 더 큰 권위를 갖게 되었다. 이들은 65년경 맨 처음 이 직무를 맡았던 사도 베드로(Petrus)의 후예로 인정받았다. **사도 전승**(apostolic succession)[2]으로 제국 수도의 주교는 다른 이들에 비해 그 중요성이 부각되었다. 4세기부터는 교황(pope)이라는 칭호가 부어되었다.

기독교인들은 국가를 적으로 여기지는 않았으나, 황제를 신으로 모시는 것에는 반대했기에 국가의 황제 숭배 명령을 거역할 수밖에 없었다. 이는 수많은 박해 운동들을 불러일으켜, 다수의 기독교인들이 죽임을 당했다. 상당수는 도시의 지하에 있는 납골당(카타콤, catacomb)에서 살았다. 하지만 이러한 수난의 시간은 그들을 더 강해지게 만들었다. 4세기 초에는 인구의 5분의 1이 기독교를 믿게 되었고, 391년에는 기독교가 로마 제국의 국교가 되었다.

---

1   **사도** 예수의 12제자

2   **사도 전승** 교회 사제는 사도 베드로에게서 이어진 적법한 후계자이며, 따라서 사제가 사도 이 권위를 가지고 있다고 본다.

028

게르만족은 누구인가?

로마인들에게 게르만족은 항상 두려움의 대상이었다. 로마인들은 알프스 산맥 맞은 편, 거친 북방 출신인 그 민족의 사나운 투지를 두려워함과 동시에 그들의 가족 의식과 풍속에 감탄했다.

기원전 113년 게르만인들은 처음으로 로마 땅에 쳐들어왔다. 그들은 유틀란트반도(Jutland, 지금의 독일 북쪽에 있는 반도-역주)에서 온 킴브리족(Cimbri)과 튜턴(Teuton)족으로, 해일 때문에 생활권이 좁아져서 내려온 것으로 추정된다. 로마 장군 마리우스(Marius)는 기원전 103/102년 남프랑스와 북이탈리아에서 그 게르만인들을 간신히 무찔렀다.

서기 9년에는 대참사가 일어났다. 아우구스투스 황제가 게르만인들을 막기 위해 보낸 퀸크틸리우스 바루스(Quinctilius Varus) 휘하의 군대가 토이토부르거발트(Teutoburger Wald)에서 섬멸되었던 것이다. 이에 황제는 "바루스여, 바루스여, 내 군대를 돌려다오!"라고 울부짖었다고 한다.

로마인들은 게르만족의 침입을 막기 위해 **리메스(limes)**[1] 라는 방벽을 세웠다. 견고하게 지은 이 벽은 오늘날에도 그 잔해가 남아 있다. 또 로마인들은 일부 부족들과 계약을 맺어, 로마를 건드리지 않는 대신 로마 땅에 살게 해 주었다. 게르만인들은 **용병**[2] 자격으로 로마 군대에 입대했는데, 이 키 큰 전사들은 친위병으로 인기가 많았다. 무역 관계도 형성되었다. 게르만인들은 로마의 수공예품들을 사들이고 장신구용 호박과 가발 제조에 쓰이는 여성의 머리카락을 팔았다. 머리색이 어두운 로마 여성들은 게르만 여성들의 금발을 흠모했기 때문이다.

---

[1] **리메스** 게르만족을 막기 위한 용도라 하여 리메스 게르마니쿠스라고도 하며, 토이토부르거발트 전투에서 패배한 후 아우구스투스 황제가 건설하였다.

[2] **용병** 돈을 받고 군복무를 하는 군인

—029—

서로마 제국은 어떻게 멸망했나?

375년부터 568년까지 약 200년간 유럽에서는 민족 대이동이 일어났다. 훈족이 현재의 남부 러시아 지역으로 진출한 사건은 유럽 전역에 나비 효과를 일으켰다.

가장 먼저 영향을 받은 건 흑해와 유럽 남동부에 살던 고트족이었다. 그들은 훈족을 피해 서쪽과 남쪽으로 이동하다가 또 다른 민족들과 만나게 되었다. 로마 제국의 국경은 시간이 감에 따라 붕괴되어 갔다. 게르만족들은 수백 또는 수천 킬로미터 이상 이동한 끝에 로마 땅에 정착해 자기들의 나라들을 건설했으며, 서고트족은 남프랑스와 스페인에, 반달족은 북아프리카에, 동고트족과 랑고바르드족은 이탈리아에, 프랑크족은 벨기에와 북프랑스에 정착했다.

　이 시기에 로마 제국은 두 쪽으로 나뉘었다. 395년 분할된 이후 **동로마 제국**[1] 의 황제는 콘스탄티노플에, 서로마 제국의 황제는 로마 또는 402년에 수도가 된 라벤나(Ravenna)에 있었다. 동로마는 로마의 법과 행정, 그리스의 전통과 기독교가 견고하게 결합되었으며, 그 덕분에 민족의 이동을 잘 견뎌 낼 수 있었다. 반면에 서로마는 곧 무너지고 말았다. 서로마는 410년에는 서고트족에게, 455년에는 반달족에게 약탈을 당했다. 대지주들은 납세를 거부했고, 화폐가치가 추락했으며, 도적떼들이 늘어났다. 476년 게르만족 용병 대장 오도아케르(Odoaker)는 라벤나에서 17살 소년이었던 마지막 황제, 로물루스(Romulus)를 폐위시켰다. 당대인들은 그를 작은 아우구스투스라는 뜻의 '아우구스툴루스'로 불렀는데, 이는 제국이 위대한 아우구스투스 시절에 비해 얼마나 크게 쇠퇴했는지를 시사하는 경멸적 표현이었다.

---

[1]　비잔티움 제국이라고도 불리는 동로마 제국은 1453년에 이르러 투르크인들의 침략에 의해 함락되었다.

중세

030

프랑크족은 누구인가?

민족 대이동 시기에 게르만족이 세운 제국들 가운데 프랑크족의 제국만이 오랫동안
살아남았다. 이는 프랑크족이 로마의 많은 업적들을 이어받았기 때문이었다.

로마 문헌에서 프랑크족은 3세기에 처음으로 등장하는데, 베저강
(Weser, 독일 북부를 흐르는 강-역주)과 라인강 하류 사이에 사는 민족으로
묘사되었다. 이후 두 세기 동안 그들은 활동 범위를 점차 넓혀, 오
늘날의 **헤센주**[1]에서부터 라인강 어귀, 나아가 벨기에와 프랑스까
지 이르렀다. 그들은 로마 제국의 속주들을 점령했지만 그곳의 시
설을 파괴하지는 않았다. 오히려 프랑크족의 문화와 그들이 발견
한 로마의 문화는 서로 섞이게 되었다. 특히 의미가 있는 것은 프

랑크족이 다신교를 포기하고 기독교도가 되었다는 것이었다. 클로비스(Clovis) 왕은 500년경 세례를 받고 자신의 백성들 역시 세례를 받도록 했다.

클로비스 왕 시대부터 프랑크 왕국은
강대국으로 성장하기 시작했다.

다만 그것은 피비린내 나는 과정이었는데, 메로빙거(Merowinger) 왕가 출신인 클로비스 왕이 자신의 경쟁자들을 차례로 제거했기 때문이다. 프랑크족은 새로운 형태의 전사를 만들어 냈다. 바로 갑옷을 입고 중무장한 기병들로, 직업 전사들이었다. 이들은 보수로 토지를 받아 다른 이들에게 경작을 맡기고 자신은 전사로서 복무할 수 있었다. 이는 기사 계급과 **봉건 제도**(feudalism)[2]의 유래가 되었다.

7세기에 메로빙거 왕조는 쇠퇴하여 이름뿐인 왕조가 되고, 그 대신 카롤링거(Carolinger) 가문이 주도적 역할을 하게 되었다. 이 가문의 카를 마르텔(Karl Martell)은 732년에 투르(Tours)와 푸아티에(Poitiers)에서 스페인에서 온 아랍인들을 무찔렀는데, 이는 세계사의 대규모 결전들 중 하나다.

카롤링거 가문의 피핀 3세((Pepin III)는 751년 메로빙거 왕조의

• 샤를마뉴의 대관식(라파엘로 산치오, 1516년경) •

마지막 왕, 힐데리히 3세(Childerich III)를 폐위시키고 교황의 지원에 힘입어 왕위에 올랐다. 교회와 왕국은 본격적인 동맹을 맺게 되었다. 피핀은 교황에게 이탈리아 내의 토지 소유권을 약속했고(교황 령의 시초), 교황은 프랑크족의 왕을 축성하고 로마의 수호자로 임명했다. 이로써 양측은 이후 수 세기 동안 이어진 관념인 기독교 세계 공동 지배의 기반을 다졌다.

피핀의 아들 **카를 대제**[3] 시대에는 그러한 관념이 현실이 되었다. 800년, 크리스마스에 로마에서 교황 레오 3세(Leo III)가 프랑크 왕국의 왕에게 왕관을 씌워 주었던 것이다. 카를의 집권기(771~814)에 프랑크 왕국은 현저한 발전을 보였다. 영토는 브르타뉴(Bretagne, 프랑스 서부의 브르타뉴반도를 중심으로 하는 지역-역주)에서부터 헝가리까지, 북부 독일에서부터 중부 이탈리아까지 이르렀다. 비록 카를의 후계자들은 그 왕국을 통솔하는 데에 실패했지만, 두 강대국인 독일와 프랑스는 명맥을 유지했다.

---

1 **헤센주** 오늘날 독일 중서부에 위치한 주

2 **봉건 제도** 영주가 가신에게 토지를 제공하고, 가신은 영주에게 군사적 의무를 지니는 쌍무적 계약 관계

3 당대인들에게도 카를은 이미 '대제'로 불렸다. 그는 전쟁 영웅일 뿐만 아니라 가정에 충실한 가장이었으며, 정치가일 뿐 아니라 민중 교육가이기도 했기에 사람들의 존경을 받았다. 카를의 업적들 중 하나로 서양 최초의 교육 대개혁을 꼽을 수 있다. 자기 자신이 교육을 별로 못 받고 자랐기 때문에(그는 평생 글쓰기를 배우기 위해 무척 고생했다) 자신의 백성들에게는 모든 분야의 교육을 시키고자 했다.

—031—
이슬람교는 어디서 생겨났나?

아랍권에서 이슬람은 '평온한 상태가 되는 것' 또는 '신에게의 복종'을 의미한다. 이 종교는 7세기에 무함마드(Muhammad)에 의해 창설되었다. 그는 알라(Allah)를 유일신 이라 전파했으며 자신을 알라의 예언자라고 칭했다.

이슬람교는 처음에는 그저 **메카**(Mecca)[1]라는 지역에서 최후의 심판을 기다리던 종교 공동체였다. 박해를 받게 되자 무함마드는 622명의 신도들과 함께 메디나(Medina)로 피신하여 그곳에서 자기가 이끄는 종교의 원칙과 제도를 확립했다. 이슬람교는 독자적인 교리를 갖고 있지만, 거기에는 유대교와 기독교적인 요소들도 포함되었다. 무함마드가 죽은 뒤 이러한 교리는 코란에 기록되었다.

여전히 이슬람교를 믿지 않던 메카와 전투를 벌인 것이 최초의 종교 전쟁 겸 포교 전쟁이었다. 싸움은 곧 아랍권을 넘어 지중해 세계까지 번져 갔다. 칼리프(caliph)라고 하는 무함마드의 후계자들은 정신적 지도자이자 이슬람 세계의 주권자였다. 아바스(Abbasids) 왕조 이전의 우마이야 왕조(Umayyad dynasty, 661~750) 때 아랍-이슬람 대제국이 건설되었다. 1350년경에는 북인도, 아프가니스탄, 아랄해까지 이르는 남러시아, 페르시아, 소아시아와 아랍을 포함한 근동 지역, 수단까지 이르는 이집트, 북아프리카, 그리고 남스페인의 그라나다 왕국까지 이슬람권에 들게 되었다.

아랍의 학자들은 고대의 많은 지식들을 보존했다. 그들은 그리스의 철학, 지리학과 의학에서 비롯된 지식들을 서쪽 세계에 전파했다. 예를 들어 11세기에는 남이탈리아의 살레르노(Salerno)에 서양 최초의 대학인 의학학교가 세워졌는데, 교재의 대부분이 아랍의 문헌자료에 기반을 두었다.

---

1 **메카** 현 사우디아라비아에 있으며 무함마드의 고향이자 이슬람 세계의 성지이다

032

바이킹족은 누구인가?

스칸디나비아의 축구 팬들은 경기장에서 바이킹 투구를 쓴다. 바이킹선을 따라 만든 배들이 세계의 바다를 항해한다. 도처에서 바이킹 축제가 열리며, 박물관에서는 노스맨(northman, 바이킹족을 일컬음-역주)들이 어떻게 살았는지 배울 수 있다.

793년, 잉글랜드 북부의 린디스판 수도원은 남노르웨이에서부터 바다를 건너 온 해적들에게 습격을 당했다. 이것은 곧 바이킹 시대의 시작이었다. 이 시대는 250년간 지속되었다. 바이킹족은 노련한 뱃사람들로, 돛과 노로 무장해 큰 바다에 나가도 끄떡없는 견고한 배를 만들어 엄청난 거리를 항해했다.

이 뱃사람들이 다음 세대에 자신들의 경험을 전해 준 덕분에, 지도와 나침반이 없이도 정확한 항로 설정이 가능했다. 그들은 영국의 섬들과 프랑크 왕국의 해안가를 덮쳤다. 아이슬란드와 그린란드에 식민지를 건설했으며 1000년경에는 아메리카 대륙을 발견하고 '빈란드(Vinland)'라 이름 붙였다. 발트해에도 살았던 그들은 러시아의 강들을 건너 흑해와 카스피해까지 이르렀다.

하지만 바이킹족이 해적이자 약탈자이기만 했던 것은 아니다. 문헌을 자세히 연구한 결과, 이 북방인들 중에는 타협적인 상인들, 식민지에서 농경과 목축에 종사하는 사람들, 또 천부적인 예술가들도 있었음이 밝혀졌다. 911년 이후 노르망디 같은 곳들에 정착한 바이킹족들은 국가를 수립했다. 11세기에 잉글랜드를 정복하고(92쪽 참조) 시칠리아 왕국을 건설했던 노르만족이 바로 바이킹족의 후예이다.

033

수도원은 어떤 곳이었나?

500년경 프랑크족은 기독교 신앙을 받아들였다. 이후 3세기동안 중부 유럽의 다른 게르만 부족들도 그 뒤를 따르게 되었는데, 이는 기독교의 포교 활동 때문이었다.

그러나 새로운 종교를 받아들인다는 것은 종종 피상적인 것에 불과할 뿐, 기존의 관습이 계속될 때가 있었다. 프랑크족의 지도자들에게 기독교는 백성들의 유대를 형성하기 위한 중요한 도구였다. 그래서 그들은 포교 활동을 장려하고 교회 조직의 설립을 후원했다.

포교의 중심에는 수도원들이 있었다. 하지만 수도원은 그 외에도 경제적, 문화적으로 큰 의미를 지녔다. 수도원은 농업 발전의 선구자였다. 수도사들은 농부들에게 새로운 농경 기술을 가르쳤으며, 새로 획득한 지역들에서 식민지화 활동을 이끌었다. 수도원은 교육과 연구, 예술이 이루어지는 장소였다. 수도원의 작업장들에서는 불후의 예술 작품들이 창조되었고, 그 도서관들에는 이전 시대의 학문적, 예술적 업적들이 보존되어 있었다. 당시 국가적인 교육 제도가 따로 없었기 때문에 수도원은 유일하게 교육을 제공하는 기관이었다.

6세기부터 11세기까지는 베네딕트 수도원(Benedictine monastery)이 주도적인 역할을 했다. 그 이전의 기독교 수도사들은 속세를 등지고 살아가는 경우가 대부분이었지만, **성 베네딕트**[1](Benedict of Nursia, 480~547년경)는 그들에게 적극적으로 행동하라고 가르쳤다. 그의 잘 알려진 가르침인 '오라 에트 라보라(ora et labora, 기도하고 일하라)'는 신에게 바치는 삶을 사는 동시에 실제적인 행동을 할 의무가 있음을 알리는 것이었다.

---

1 **성 베네딕트** 이탈리아의 종교가로, 실천을 강조하여 청빈·정결·복종의 3서원을 비롯한 베네딕트 계율을 제정하고 수도원을 제도하하는 데 큰 영향을 끼쳤다.

034

'신성 로마 제국'이라는
말은 언제부터 사용되었나?

카를 대제의 대제국은 두 조각으로 갈라졌다. 그중 동프랑크 왕국에서는 919년에
처음으로 카롤링거 가문 출신이 아닌 남자가 왕위에 올랐다.

그는 작센(Sachsen) 공작 하인리히 1세(Heinrich Ⅰ)였다. 작센인들은
카를 대제의 길고도 끈질긴 원정에 굴복하고 말았다. 이 과정에서
추방과 집단 처형이 이루어졌는데, 782년 베르덴(Verden)에서 열린
'피의 재판'은 약 4,500명에 달하는 작센인들의 목숨을 앗아갔다.
그러나 약 150년 뒤 작센인들은 프랑크 왕국을 이루었고, 하인리
히를 보면 알 수 있듯이 주도적인 세력이 되었다.

하인리히는 튀링겐(Thüringen)까지 밀고 들어온 헝가리인들을

막는 것을 시급한 과제로 여겼다. 그는 그들과 9년간 휴전하기로 합의한 뒤 그 시간동안 국경 수호를 위한 성들을 쌓고 철갑으로 중무장한 기병대를 편성했다. 933년 그는 튀링겐의 운스트루트(Unstrut)강가에서 헝가리인들을 무찌르는 데 성공했다. 그의 아들 오토 1세(Otto I)는 방어 공사를 이어갔으며 중부 유럽에 대한 위험 요소들을 제거했다.[1]

961~962년 오토는 로마 안팎의 적들로부터 위협을 받던 교황의 지원 요청에 따라 이탈리아로 갔다. 962년 2월 2일 그는 로마에서 황제의 관을 받았다. 이러한 정치적 변화로 인해 독일 역사는 이후 수 세기 동안 교황제 및 이탈리아의 역사와 결부되게 되었다. 독일 황제들은 자신이 고대 '임페리움 로마눔(Imperium Romanum, 로마 제국)'의 전통을 계승하는 사명을 가졌다고 생각했으며, 그때부터 그들의 제국을 '신성 로마 제국(Holy Roman Empire of the German Nation)'이라 불렀다.

---

[1] 오토 1세는 955년 아우크스부르크 인근 레히펠트(Lechfeld)에서 벌어진 전투에서 헝가리인들을 상대로 대승을 거두었다

035

성직 서임권 투쟁은
무엇 때문에 일어났나?

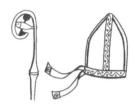

교황과 황제가 공동 통치권을 갖는 것이 중세의 관념이었다. 교황은 지상에 있는 그리스도의 대리자였고, 황제는 로마 카이사르의 후예였다. 즉 교황은 영적 권력을, 황제는 세속적 권력을 대표했다.

교황 겔라시우스(Gelasius, 492~496년)는 이 두 권력에 대한 이론을 공식화했다. 그리고 곧이어 영적 권위가 우위에 있다고 덧붙였는데, 이는 교황이 최후의 심판에서 황제를 포함한 다른 사람들을 변호할 것이기 때문이라고 주장했다.

그런데 그 '세속적 권력'은 교황이 동시에 여럿일 때나 풀리지 않는 신학적 문제들이 있을 때 종종 교회에서 해결사 역할을 했다. 세속적 통치자들은 교회 회의를 소집하여 교황들을 폐위시켰다. 독일에서 주교들은 황제에게 군사적 의무를 지는 영주들이기도 했기에, 이들을 임명할 권리 역시 황제에게 있었다.

11세기에는 그에 반대한 개혁 운동이 일어났다. 본거지인 손강 인근 클뤼니 수도원(Cluny Abbey)의 이름을 따 클뤼니 개혁(Cluniac Reforms)으로 불리게 된 이 개혁 운동의 목표는 교회의 기강과 신심의 회복이었으며, 무엇보다도 성직 수여 권한을 교회만이 갖기 위한 것이었다. 성직 서임권 투쟁은 1077년 하인리히 4세(Heinrich Ⅳ)가 교황 그레고리오 7세(Gregory Ⅶ)에게 복권을 부탁하기 위해 **카노사**(Canossa)[1]로 찾아갔던 때 정점을 이루었고 1122년, 주교 선거에서 황제의 참여를 제한한 보름스 협약(Concordat of Worms)으로 끝을 맺었다.

---

1 **카노사의 굴욕** 교황 그레고리오 7세가 성직 서임권 문제로 황제 하인리히 4세를 파문하자, 황제가 교황이 있는 카노사성에 방문해 눈 속에 맨발로 사흘간 기다리며 사면을 받은 사건

036

정복왕 윌리엄은 누구인가?

노르망디 공작 윌리엄은 도버 해협에서 잉글랜드로 건너가기 위해 바람의 방향이 바뀌기를 46일간 기다렸다. 그리고 마침내 1066년 9월 27일, 노르만 군대가 탄 그의 배가 출발했다.

결국 그러한 지연은 윌리엄 공작에게 유리한 결과를 낳았는데, 잉글랜드의 왕 해럴드 2세(Harold II, Harold Godwinsson)가 여름이 끝날 무렵 비축한 물자가 소진되어 함대를 해산시켰기 때문이다. 해럴드 2세는 급히 끌어 모은 육군들만을 데리고 잉글랜드 남부에 상륙한 노르만족에게 맞섰다. 1066년 10월 14일 헤이스팅스(Hastings)에서 일어난 이 전투에서 해럴드 2세는 거의 이길 뻔했으나, 결국에는 노르만족이 우위를 점하게 되었다.

헤이스팅스 전투는 역사적인 결전이었다. 그때까지 잉글랜드는 북유럽 세계에 속해 있었고, 앵글로색슨족이 거주했으며 마지막에는 스칸디나비아 출신 왕들의 지배를 받았다. 반면에 노르만족은 프랑스 문화의 영향을 받았다. 그들은 잉글랜드의 지배 계급으로 정착하여 몇 세대 만에 앵글로색슨족과 융합되었다. 하지만 프랑스와 중앙 유럽에 대한 지향성이 사라진 것은 아니었다. 이로써 잉글랜드는 스칸디나비아 문화권으로부터 분리되었다.

윌리엄 공작(잉글랜드의 왕이 된 후에는 정복왕 윌리엄으로 불리게 된)이 잉글랜드로 건너간 일과 헤이스팅스 전투는 **바이외 태피스트리**(Bayeux Tapestry)[1] 에 묘사되어 있다. 이것은 11세기 말에 제작된 높이 약 50센티미터, 길이 약 70미터에 이르는 자수 작품인데, 최초로 만화적인 기법을 사용했다.

---

[1] **바이외 태피스트리** 노르만인의 잉글랜드 정복 이야기가 그림으로 묘사된 자수 작품으로, 중세 전성기의 무기, 도구, 복장 등을 자세히 묘사하고 있다

—037—

십자군이란 무엇인가?

"하나님이 그것을 바라신다!" 이는 십자군이 성지 예루살렘을 이슬람교도들에게서 탈환하기 위해 출발하며 외쳤던 구호다. 그들은 자신들이 정의로운 전쟁을 하는 것이라 믿어 의심치 않았다.

중세 전성기의 교회들은 군사적 수단을 이용한 신앙의 전파를 아주 당연하게 여겼다. 그들은 또한 사람들의 공격성을 국외로 돌리면 나라 안의 평화가 더 잘 지켜질 거라 생각했다. 게다가 종말에 대한 두려움도 있었다. 많은 사람들이 죄 많은 삶을 이유로 하나님의 심판을 두려워했으며, 믿지 않는 자들에 대해 십자 성호를 그리면 죄에 대한 벌을 면제받을 수 있다고 여겼다. 약탈욕도 한몫을 했다. 동방의 전설적인 보물이 그 주인을 기다리고 있다는 소

문이 이러한 욕망을 부추겼다. 이슬람교도인 투르크인들이 팔레스타인 성지를 살인과 파괴로 모독하고, 그에 따라 1095년 11월 교황 우르바노 2세(Urbanus Ⅱ)가 무장 순례를 호소한 일은 유럽 내에서 엄청난 반향을 불러일으켰다.

유럽 전역에서 투사들이 몰려들었고, 수많은 군대가 공격에 가담했으며, 심지어는 농민과 빈민으로 이루어진 십자군(이들의 진군은 콘스탄티노플에서 얼마 못 가 멈추었다)도 있었다. 1099년 7월 15일에 십자군은 예루살렘을 점령했다. 그 결과 팔레스타인에 예루살렘 왕국이 세워졌다. 그 성지를 기독교의 관할 아래 두기 위한 유럽인들의 노력은 200년 동안이나 계속되었다. 1차 십자군 이후에도 원정은 몇 차례나 더 이어졌다. 1212년에는 어린아이들까지도 소년 십자군을 결성하여 팔레스타인으로 길을 떠났다.

그러나 성지에서의 성과물들은 점차 다시 이슬람교도들의 손에 들어가게 되었다. 1291년 기독교인들은 이슬람군에 의해 최후의 보루였던 아크레(Acre) 요새마저 함락당하고 말았다.

—— 038 ——

'세계의 경이'라 불린 사람은?

그는 9개 국어를 말하고 7개 국어를 쓸 줄 알았다고 한다. 온 세계의 학자들과 교류
했으며, 특히 자연을 관찰하는 것을 가장 좋아했다. 어떤 사람들은 그가 악마와 결
탁했다고 믿기도 했다.

프리드리히 2세(Friedrich II)는 북부 이탈리아의 도시들과 긴 전쟁
을 벌였던 할아버지 프리드리히 1세, 결혼을 통해 노르만 왕조의
영토였던 시칠리아와 남부 이탈리아를 손에 넣은 아버지 하인리
히 6세(Heinrich VI)와 같이 호엔슈타우펜(Hohenstaufen) 왕가 출신이
었다. 프리드리히 2세 본인은 거의 이탈리아에만 머물렀으며, 독
일 내의 상황에는 별로 관심이 없었다.

　1212년부터는 왕으로서, 1220년부터는 황제로서, 그는 남부의 상속받은 땅에 현대적인 관료제 국가를 세웠다. 그는 나폴리에 서양 최초의 국립대학을 지었으며, 팔레르모의 궁정에서 정사를 돌보았다. 또 이슬람교도인 예술가들, 학자들과 교류하고 아랍인 이민자들인 사라센인들을 군인으로 받아들였다. 교황의 십자군 출정 요구를 마지못해 수용한 그는 팔레스타인에서 협상을 통해 1187년에 빼앗겼던 예루살렘을 기독교인들에게 돌려주었다.

그는 매 사냥에 관한 책을 썼으며, 오늘날에도 풀리아주에 있는 유명한 팔각형 건축물, 카스텔 델 몬테(Castel del Monte) 사냥 별장은 동시대인들에게 '스투포르 문디(Stupor mundi)', 즉 '세계의 경이'라는 경외 섞인 별명으로 불렸던 그 황제의 예술적 감각을 잘 보여준다. 하지만 1250년 그의 죽음 이후 그의 아들들은 호엔슈타우펜 가문의 유산을 제대로 이어가지 못했다. 호엔슈타우펜 왕가의 마지막 왕이자 프리드리히의 손자, 콘라딘(Konradin)은 1268년 나폴리에서 참수형을 당했다.

039

칭기즈 칸은 누구인가?

그의 본명은 '대장장이'라는 뜻의 테무친(Temuchin)이었다. 칭기즈 칸(Chingiz Khan), 대양의 군주라는 별명은 그가 몽골의 군주가 되면서 얻은 것이다.

몽골인들은 시베리아 바이칼호 지역에 살던 유목민들이었다. 테무친 칭기즈 칸은 본래 수많은 부족장들 중 한 명에 불과했다. 그러나 1188년부터 그는 서로 싸우고 사이가 나빠진 부족들을 통합하고, 1206년 부족장 회의에서 군주로 추대된 이후 강력한 군대를 편성했다.

몽골인들은 맨 처음으로 복속한 위구르족으로부터 행정적인 업무를 볼 전문 인력들을 얻었다. 또 중국과 아랍 국가 출신 투항자들로부터는 병무와 포위 전술에 관한 중요한 지식을 전달받았다.

이렇게 무장한 칭기즈 칸은 전례 없는 정복전쟁을 시작할 수 있었다. 그는 북부 중국, 북부 페르시아와 서부 중앙아시아를 손에 넣었다. 1227년 그가 사망할 때쯤 몽골 제국은 이미 중국에서부터 러시아 문턱까지 뻗어 있었다.

그의 후계자들인 바투(Batu)와 오고타이(Ogotai)는 정복 사업을 이어갔다. 그들은 중국 전역을 정복하고 서쪽으로 군대를 보내 러시아까지 점령했다. 1241년에는 헝가리군을 이기고, 슐레지엔(Schlesien)에서 폴란드-독일 기사단마저 무찔렀다.[1] 중앙 유럽으로 가는 길이 열렸던 것이다. 하지만 오고타이 대칸의 갑작스러운 사망 소식으로 몽골인들은 복귀하게 되었다. 다음 침략 대상은 드디어 동쪽 나라들이었다. 1258년에는 바그다드가 함락되었다. 1260년 몽골 제국은 정점을 찍고 퇴각하기 시작했다.

---

[1] 복속된 민족들에게 칭기즈 칸의 침략은 재앙적 결과를 초래했다. 도시는 잿더미가 되고 경작지는 파괴되어 온 지대가 황폐화되었다. 몽골인들의 급습으로 헝가리 인구의 절반이 목숨을 잃었다.

—040—

중세 도시에서의 삶은 어땠을까?

1000년경 유럽에서는 교환 경제가 광범위하게 행해졌다. 사람들은 물물교환을 했고, 화폐는 없었다. 그러나 경제적으로 진보한 북부 이탈리아에서부터 상황은 달라지기 시작했다.

화폐는 중부 유럽에도 도입되었다. 도시들은 그 선구자 역할을 했다. 새로운 시대의 부(富)가 도시로 모여들었다. '도시의 공기가 자유를 만든다(Stadtluft macht frei)'라는 말이 회자되었을 정도였다.

초기 도시에는 통치자가 있었다. 그들은 처음에는 대지주가 농노에게 하듯 시민들을 자신의 노예, 즉 소유물로 여겼다. 하지만 수공업과 상업의 발달은 시민들을 자립하게 했고, 도시의 통치자들(대부분은 주교) 역시 이를 통해 더 많은 수입을 얻었으므로 이를 장려하기 시작했다. 11세기와 12세기에 시민들은 통치자를 밀어 내고 자립하게 되었다.

도시들은 지방 사람들의 이주를 받아들였다. 1년 이상 도시에 사는 사람은 자유민이 되었다. 이들은 수공업이나 상업에 종사할 수 있었다. 그러려면 길드에 가입해야 했는데, 길드란 일종의 동업자 조합으로 조합원들이 지켜야 할 작업 및 행동 규칙을 내놓고 조합원들 간의 경쟁을 규제했다. 시민들은 방위 공동체를 결성했다. 여기에 속한 모든 구성원들은 공동체를 위해 무기를 들고 싸울 의무가 있었다.

각 도시는 자치를 했으며, 그 주체는 대개는 각 직종의 대표들로 이루어진 '의회'였다. 그러나 종종 이 **협의회**¹는 선거도 거치지 않고 의회 자체에서 선발한, 영향력 있고 명망 높은 가문 출신들로만 구성되기도 했다.

ㅣ **협의회** 상의 및 결의를 하는 집단

—041—

흑사병은 무엇인가?

페스트로도 불리는 흑사병은 쥐에 기생하는 벼룩에게 있는 세균으로부터 감염된다.
이러한 실상은 수백 년 뒤에야 과학자들에 의해 발견되었다.

1348~1350년 흑사병의 진원지는 중앙아시아였으며, 뱃사람들을
통해 흑해에서부터 이탈리아 항구들로 유입되었다. 그 전염병은
그곳에서부터 스페인, 프랑스와 영국을 거쳐 스칸디나비아까지
퍼져나갔고, 독일은 물론 러시아에서도 맹위를 떨쳤다. 약 2,500
만 명이 흑사병의 희생자가 되었다. 일부 도시들에서는 전체 시민
의 절반이 목숨을 빼앗겼고, 시골에서는 수많은 마을들이 황폐화
되었다.

흑사병에 걸리면 끔찍한 증상들을 보인다. 부스럼이 온몸을 뒤덮고, 검푸른 반점이 생겨난다. 이 병에 걸리면 며칠만에 목숨을 잃었다. 의사들로서도 방법이 없었기에 당시로서 감염을 막기 위한 유일한 조치는 격리, 즉 환자들을 사회에서 추방시키는 것이었다.

감염 경로에 대해 전혀 알지 못했던 사람들은 그 병이 사람들이 저지른 죄악에 대한 하나님의 심판일 거라고 믿었다. 종교적인 군중 광기가 일어나, 사람들은 속죄를 목적으로 자기 몸을 채찍질하며 돌아다니기도 했다. 그리고 그들은 희생양을 찾았으니, 바로 유대인들이었다. 유대인들은 우물에 독을 풀었다는 의심을 받았다. 여러 도시에서 **포그롬**(pogrom)[1] 이 일어났다. 유대인들은 괴롭힘을 당하거나 집을 파괴당하고, 심지어는 추방이나 학살을 당하기도 했다.

---

[1] **포그롬** 특정 집단에 대한 박해, 폭력 행위

042

한자 동맹은 어떤 목표를 추구했나?

함부르크와 브레멘은 오늘날까지도 한자 도시를 자처한다. 독일어 'Hanse'는 '무리'
라는 뜻이며 한자 동맹은 처음에는 한 도시에서, 결국에는 온 지역에서 모인 상인들
의 동맹이 되었다.

물건을 육로로 옮기거나 배로 운송하는 사람들은 습격과 약탈을
당하거나 법정에서 물건의 소유권을 인정받지 못할 가능성을 배
제할 수가 없었다. 그래서 독일의 상인들은 위험 상황에서 서로
돕기 위해 연합했다. 이 단체는 '두데쉐 한제(dudesche hanse)'라 불
렸고 곧 유럽 안에서 유명해졌다. 12세기 중반 쾰른의 상인들은
런던에 첫 거점을 세웠고, 그 뒤를 따라 함부르크와 뤼베크의 상인
들도 영국에 그들만의 거점들을 세웠다. 북부 독일 내, 또 발트해

안을 따라 한자 동맹을 맺은 상업 도시들 간의 연결망이 구축되었다.[1] 그 상업지들은 대서양 연안을 따라 노르웨이 산지에서부터 프랑스 라로셸까지 이어졌다.

한자 동맹은 경제뿐 아니라 정치적인 힘도 가졌다. 덴마크 왕 발데마르 4세 아테르다그(Valdemar IV Atterdag)와 있었던 갈등은 그러한 사실을 잘 보여주었다. 그는 고틀란드 섬에 있는 한자 동맹의 회원 도시, 비스뷔(Visby)를 공격했다. 그리하여 전쟁이 일어났으며, 한자 동맹의 함대가 승리를 거두었다. 결국 덴마크 왕은 1370년 슈트랄준트(Stralsund) 평화 협정을 통해 독일의 상인들에게 모든 권리를 인정할 수밖에 없었다. 한자 동맹은 해적들도 물리쳤다. 북해의 악명 높은 해적, 클라우스 슈퇴르테베커(Klaus Störtebeker)는 1401년 헬골란트섬에서 함부르크인들에게 붙잡혀 70명에 달하는 자신의 패거리와 함께 사형을 당했다.

---

1   한자 동맹의 중요한 상품들로는 러시아의 모피, 남부 스웨덴의 청어, 플랑드르(Flandre, 벨기에 서부를 중심으로 네덜란드 서부와 프랑스 북부에 걸쳐 있는 지방–역주)의 직물 등이 있었다.

— 043 —

잔 다르크는 누구인가?

"두려워하지 마세요." 잔 다르크(Jeanne d'Arc)는 사람들에게 이렇게 말했다. 그리고 이 작은 소녀가 깃발을 들고 그들 사이에 모습을 드러냈을 때 사람들은 정말로 더 이상 두려워하지 않고 적을 향해 돌진해 승리를 거두었다.

영국 왕이 프랑스의 왕위를 요구함으로써 양국 간에 일어난 백년 전쟁이 1337년부터 지속되던 상황에서 프랑스의 상황은 오랫동안 좋지 않았다. 특히 1429년은 프랑스에게 매우 불리한 시기였다. 남은 희망은 오를레앙 요새뿐, 그마저 함락되면 프랑스가 패배할 위기였다. 그때 잔 다르크라는 이름의 로트링겐(Lothringen) 출신 시골 소녀가 나타났다. 그녀는 침입자들로부터 프랑스를 구하고, 샤를(Charles) 왕세자가 **랭스(Reims)**1 에서 왕관을 받도록 하라는 신의 계시를 들었다고 사람들에게 호소했다.

사람들은 잔 다르크가 성공할 거란 큰 기대 없이 그녀를 오를레앙으로 보냈다. 그런데 잔 다르크의 출현으로 그곳에서 영국 포위 공격군을 몰아낼 수 있었다. 몇 차례의 승리를 거둔 프랑스군은 정말 랭스로 입성했고, 잔 다르크는 왕세자에게 왕관을 씌워 줄 수 있었다.

하지만 그 이후 다시 정치인들의 세력이 세졌다. 잔 다르크는 계속 싸우고자 했지만, 샤를 7세는 협상하길 원했다. 그는 잔 다르크가 잉글랜드군의 포로가 되어 마녀 재판에서 사형을 선고받았을 때에도 그녀를 구하기 위한 아무런 조치도 취하지 않았다. 잔 다르크는 1431년 5월 30일 루앙(Rouen)의 화형장에서 죽음을 맞았다. 1453년에 전쟁이 끝난 뒤에야 법정은 그 용감한 소녀가 마녀라는 혐의를 벗기고 무죄 판결을 내렸다.

---

1 **랭스** 프랑스 북동부의 도시. 역대 왕들의 즉위식이 치러지던 곳으로 당시 영국에 점령당한 상태였다.

044

인쇄술은 누가 발명했나?

수백 년 동안 책은 수도사들이 수도원의 필사실에서 손으로 쓰는 방식으로 만들어졌다. 세상의 지식은 아주 소수의 사람들만이 가까이할 수 있는 것이었다.

그러나 15세기에 마인츠(Mainz) 출신의 금 세공사, 요하네스 구텐베르크(Johannes Gutenberg)는 **가동 활자**(movable type)[1]라는 획기적인 발명품을 내놓으며 상황이 달라졌다. 마인츠에 있는 구텐베르크 박물관에는 그의 작업실이 본래의 것과 똑같이 재현되어 있다.

목판 인쇄는 이미 존재했다. 나무판에 그림이나 글자를 새긴 뒤 색을 입혀 도장처럼 종이나 양피지에 누르는 것으로, 충분한 압력을 주기 위해 압착기가 사용되었다.

구텐베르크는 거기에서 한 걸음 더 나아갔다. 그는 대문자와 소문자, 점, 줄 등을 금속활자에 새겨 긴 글을 인쇄하기에 충분한 수만큼 주조했다. 모든 글자의 높이가 같아서 단어로, 글줄로, 전체 단락으로 조합할 수 있었다. 한 장을 인쇄하고 나면 활자들을 분해하여 다음 장을 인쇄하는 데에 사용했다.

1455년 구텐베르크의 첫 인쇄서인 1,282쪽 분량의 방대한 라틴어 성경 중 첫 185부가 출판되었다. 이 인쇄술의 발명으로 그는 세계적인 성공을 거두었다. 이후 수 세기동안 벌어진 대규모 종교 운동들은 그의 발명이 아니었다면 일어나지도 못했을 것이다.[2]

하지만 정작 구텐베르크 자신은 그로부터 아무런 이익도 얻지 못했다. 1468년 그는 많은 빚을 남긴 채 세상을 떠났다. 그의 인쇄소 사업은 다른 이들이 이어갔다.

---

1 **가동 활자** 글자들을 단어로 조합하여 함께 고정시켜 하나의 활자면으로 완성하고, 분해하고 재조립하여 사용할 수 있는 활자

2 세계 최초의 금속활자는 고려시대의 것으로 공인받고 있다. 다만 구텐베르크의 업적은 금속 활자 그 자체보다는 인쇄기를 창안하여 인쇄물의 대중화에 기여했다는 데 있다.

045

동로마 제국은
얼마나 오래 존속했나?

서로마 제국이 멸망한 뒤에도 동로마 또는 비잔티움으로 불리는 동쪽 제국은 오랫동안 존속했다. 황제는 오늘날의 이스탄불인 콘스탄티노플에 거주하며, 그들의 제국을 이슬람에 맞선 서양의 보루로 여겼다.

콘스탄티노플 사람들은 라틴어가 아닌 그리스어를 사용했다. 동쪽과 서쪽의 차이는 이뿐만이 아니어서, 신앙적 차이도 매우 컸다. 양쪽 모두 기독교 문화를 지녔지만 콘스탄티노플의 **총대주교**(patriarch)[1]들은 로마 교황을 그들의 수장으로 인정할 마음이 전혀 없었다. 1054년에는 양쪽이 공식적으로 다른 길을 걷게 되었다. 양쪽 교회의 수장들이 서로에게 파문을 선언한 이후 동서 교회 분열이 일어난 것이다.

그런데도 비잔티움의 황제는 1095년 교황에게 동쪽에서부터 그의 제국을 위협하던 투르크족에게 맞서 줄 것을 요청했다. 그리하여 십자군 운동(94쪽 참조)이 일어났지만, 비잔티움 사람들이 전혀 반갑지 않게도 그 목적지는 예루살렘이었다. 게다가 4차 십자군(1202~1204년) 때는 서쪽에서 온 원정대가 콘스탄티노플까지 점령하여 약탈하고 수십 년간 비잔티움 제국을 그들의 소유물처럼 다루었다.

1452년 콘스탄티노플에 도착한 투르크인들은 포위 공격을 개시했다. 격전 끝에 1453년 5월 29일 술탄 메메트 2세(Mehmet II)가 콘스탄티노플로 입성하면서 비잔티움 제국은 멸망하였다. 6세기에 유스티니아누스 황제가 건설한 아야 소피아(Aya Sofia) 성당이 이슬람 사원으로 개조되었던 일은 이슬람의 승리를 상징하는 것이다.

---

1 **총대주교** 동방 정교회에서 최고 성직자들과 지도자적 역할을 한 주교들을 일컫는 칭호

046

제정 러시아는 어떻게 생겨났나?

소련 시대의 사람들은 받아들이려 하지 않지만, 지난 몇 년간 발굴된 유적들을 보면 러시아에서의 국가 건설에 스웨덴의 바이킹족이 한 몫을 했음을 알 수 있다. 그 상인과 이주자들은 큰 강 인근에 정착했다.

오늘날 사람들은 키예프 루시(Kievan Rus, 키예프 대공국)를 러시아 역사의 시작이라 한다. '루시(rus)'라는 단어에 대해서는 다양한 해석이 있는데, 전부 스칸디나비아어에서 유래한다. 전설적인 바이킹 류리크(Ryurik)가 862년에 모든 러시아 통치자들의 시조로서 노브고로드(Novgorod)에 터를 잡았다는 설이 있다. 진실은 이렇다. 9세기와 10세기에 핀란드만, 흑해와 카스피해 사이의 삼각 지대를 바이킹족 지도층이 지배했다. 그들은 곧 원주민들과 융합되었다.

우크라이나의 키에프는 키에프 루시의 중심지로, 정치적으로는 독립되었지만 문화적, 종교적으로는 비잔티움의 영향을 받았다. 키에프 루시는 1240년 몽골의 침입으로 멸망했다(99쪽 참조). 키에프 루시가 멸망하고 그 자리에는 몽골인들의 칸국인 **금장한국**(Golden Horde)[1] 이 세워졌다. 14세기에는 이곳에 공식적으로 이슬람교가 도입되었다. 다만 옛날부터 그곳에 살던 루스인들은 계속 기독교를 믿는 것이 허락되었다.

1485년 금장한국이 분열되자 모스크바 공국이 러시아의 패권을 잡게 되었다. 그 공국과 동맹을 맺은 것은 교회였다. 콘스탄티노플 총대주교구가 함락된 이후(1453년, 111쪽 참조) 모스크바는 콘스탄티노플의 후계자, 진실한 믿음의 피난처이자 '제3의 로마'를 자처했다. 그리고 모스크바 대공 이반 3세(Ivan III, 1462~1505년)는 자신을 차르, 즉 황제로 일컬었다.

---

[1] **금장한국** 군주의 천막이 금박으로 장식되어 있었기에 붙여진 이름이다.

— 047 —

인도에서 힌두교와 이슬람교는
언제 시작되었나?

인도는 유럽의 중세보다 훨씬 앞서서 문화 부흥기를 맞았다. 약 320년부터 535년까지 존속했던 굽타 제국에서는 춤과 연극, 시 문학과 과학이 크게 발달했다.

굽타 시대의 지배 계층은 호화로운 생활을 누렸고 교양의 수준이 높았다. 자신을 꾸미고 잘 차려입는 것은 물론, 요리, 향수, 음악, 그림, 시와 과학에 대한 광범위한 지식들도 갖췄다. 인도 수학자들은 0을 발명했으며 처음으로 10진법을 사용했다. 이로써 10개의 서로 다른 숫자들로 큰 수들을 표현할 수 있게 되었고, 계산이 기본적으로 더 쉬워졌다.

700년부터는 인도에 힌두교가 전파되었다. 힌두교는 불교와는 달리 창설된 것이 아니라 일종의 역사화된 종교였다. 힌두교는 카스트 제도(43쪽 참조), 윤회설과 속죄에의 열망을 골자로 한다. 중심이 되는 믿음은 모든 생물은 모든 것을 지배하는 세계 질서 속에 자리 잡고 있으며, 전생의 선행 혹은 악행에 따라 현재의 처지가 결정된다는 것이다.

1200년경에는 이슬람교가 인도로 파고들었다. 델리에서는 술탄 왕조가 시작되었다. 이슬람교는 힌두교와 팽팽히 대립했으며, 오늘날에도 인도에서는 두 종교간의 갈등이 문제가 되고 있다. 술탄 왕조는 몽골의 침략(99쪽 참조)과 투르크족 통치자 티무르(Timur)의 원정군에 의해 멸망했다. 티무르의 후예인 바부르(Babur)는 1526년에 무굴 제국을 건설했으며 이는 1658년까지 존속했다.[1] 그가 펼친 관용 정책으로 한동안 종교적 불화는 잠잠해졌다.

---

1 무굴 제국 시대에는 불후의 건축물들이 탄생했는데 그중 하나는 아그라에 있는 타지마할(Tāj Mahal, 1632~1654년)이다. 이것은 황제 샤 자한이 일찍이 세상을 떠난 자신의 아내를 위해 지은 묘지이다

048

만리장성은 누가 지었나?

역사상 세계 최대 길이의 건축물은 바로 중국의 만리장성이다. 길이는 약 6,250킬로미터로 투르키스탄(Turkistan)에서부터 태평양 인근까지 뻗어 있다.

만리장성은 북방의 위협으로부터 중국을 지키기 위해 세워졌다. 건축은 이미 기원전 2세기부터 시작되었다. 처음에는 토담으로 시작해 부분적으로 벽돌을 끼워 넣었다. 감시탑들과 요철 모양의 성벽 윗부분을 갖춘 오늘날의 형태는 명나라(1368~1644년) 때 완성되었다.

중국인들은 이렇게 굉장한 건축물들을 지었을 뿐만 아니라 다른 기술적인 면에서도 당시 서양에 비해 훨씬 앞서 있었다. 그들은 화약과 로켓을 발명했다. 도자기 생산 기술이 발달했고 점토로 만든 인쇄용 활자는 구텐베르크의 가동 활자 인쇄술(108쪽 참조)보다 앞섰다.

중세에 중국과 서양 사이에는 이미 교류가 있었다. 일명 '비단길(Silk Road)'을 통해 물건들이 운송되었다. 13세기에는 교황의 사절들이 여러 번 중국으로 가기도 했다.

중국인들의 업적은 베네치아 출신 여행자 **마르코 폴로**(Marco Polo)[1]에 의해 비로소 서방 세계에 본격적으로 알려지게 되었다. 마르코 폴로는 1271년부터 1275년까지 아버지와 삼촌을 따라 북부 중국으로 가서 몽골 황제 쿠빌라이(Khubilai)의 왕궁까지 방문하였으며, 쿠빌라이로부터 여러 가지 임무를 부여받기도 했다. 그는 1295년이 되어서야 고향 베네치아로 돌아왔다.

---

[1] **마르코 폴로** 17년간 원나라에서 머물며 자신이 보고 들은 것을 토대로 동방견문록을 저술하였다. 다만 저서 자체에 과장이나 허황된 내용이 많은 편이다.

049

옛 아메리카에는
어떤 고급문화가 있었나?

유럽과 아시아에만 고급문화가 있었던 것은 아니다. 중부와 남부 아메리카에서도
그러한 문화가 꽃피었다. 16세기에 스페인 정복자들이 이 문명을 파괴했다.

팔레오 인디언(Paleo-Indian, 고대 인디언)의 문화 중심지들 중에는 남
부 멕시코와 과테말라가 있었다. 오늘날에도 이런 곳들에는 톨텍
인(Toltec), 올멕인(Olmec)과 마야인(Maya)들의 업적을 잘 보여주는
대규모 사원 도시들의 흔적이 남아 있다. 특히 마야인들은 수학과
천문학의 대가들이었다. 그들은 정확한 달력을 갖고 있었고 그림
문자와 추상적인 표시들을 사용했는데, 여전히 많은 부분이 해독
되지 않은 채 남아 있다. 마지막으로 13세기에는 이 지역에 전사

들의 부족인 아즈텍인들이 정착했다. 이들은 사람을 태양신에게 제물로 바치는 풍습을 가지고 있었다.

또 다른 중심지는 오늘날의 페루와 에콰도르, 북부 칠레에 이르는 지역이었다. 이곳에서는 잉카족이 남긴 인상적인 석조물들을 찾아볼 수 있는데, 쿠스코(Cuzco)에 있는 회반죽도 없이 거대한 돌들을 끼워 맞춘 암벽이나 아찔하게 높은 산의 돌출부에 세워진 요새 마추픽추(Machu Picchu) 등이 그것이다. 잉카인들은 약 1200년부터 엄격하게 조직된 나라에서 살았으며 잘 손질된 관개 시설과 고도로 발달된 도로 건설 기술을 갖추었다.

콜럼버스(Columbus)의 아메리카 대륙 발견(1492년, 127쪽 참조)과 스페인인들의 중앙아메리카 연안 탐험으로 인디언들의 고급문화는 끝이 났다. 아즈텍 제국은 에르난 코르테스(Hernán Cortés)의 출정(1519~1521년) 때 멸망했으며, 잉카 제국은 **콩키스타도르**(Conquistador) [1] 프란시스코 피사로(Francisco Pizarro)에 의해 1531~1536년에 파괴되었다.

---

[1] **콩키스타도르** 정복자라는 뜻으로 보통 아메리카를 침략한 스페인계 군사를 말한다. 화약과 철제 무기로 무장하였다.

근대

050

르네상스와 인문주의는
언제 생겨났나?

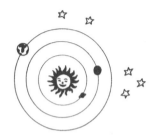

중세의 인간은 기독교적 교리에 따라 정해지고 지시된 확고한 규율에 따라 살았다.
그러나 이는 기술과 경제의 발달로 균열이 가기 시작했다.

중세적 인간상에서의 탈피는 독일 황제가 오랫동안 머물며 통치
권을 확고히 하기 위해 애썼던 이탈리아에서 가장 확연히 드러났
다. 도시들은 자치를 했다. 각각의 도시들이 스스로를 다스리는
작은 공화국들이 되었던 것이다. 금융업이 생겨났고 은행들이 세
워졌다. 오늘날에도 사용되는 계좌(Konto), 지로(Giro), 순액(netto),
총액(brutto) 같은 단어들은 이탈리아인들이 경제의 기본 개념들을
만들었음을 증명한다.

근대에는 개별적 인간인 개인이 발견되었다. 모든 인간은 자유로운 존재였으며 스스로에 대한 결정권자였다. 다른 사람이 믿는 것을 따라서 믿을 필요가 없으며, 다른 사람이 생각하는 대로 생각할 필요도 없었다. 그전까지의 예술이 신을 찬양하기 위한 것이었다면, 이제 예술가들은 인간 육체의 아름다움을 찬양하기 시작했다. 실제와 똑같은 초상화와 자연을 묘사한 작품들이 탄생했고, 예술가들은 자랑스럽게 스스로를 창조자로 여겼다. 수백 년간 '이교도의 우상'으로 매도되었던 고대의 아폴로와 비너스 조각상들이 르네상스 시대에는 매우 귀중하게 여겨졌다.

이탈리아의 도시 공화국들에서는 기회만 따라 준다면 누구나 성공할 수 있었다. 아무리 출신이 미천한 사람이라도 수많은 용병들을 거느린 콘도티에리(condottieri)라는 용병대장이 되어 영주와 동급으로 신분이 상승하기도 했다. 플로렌틴 출신인 니콜로 마키아벨리(NiccolòMachiavelli, 1469~1529년)는 그에 알맞은 이론을 구상했다. 그 이후로 '마키아벨리즘(Machiavellism)'은 무절제한 권력과 이익의 정치를 나타내는 명칭이 되었다.

자유로운 개인을 중심에 세우기 위해 15세기와 16세기에 온 유럽에서 일어났던 운동은 '부활'을 의미하는 '리나시타(rinàscita)'라 불렸다. 오늘날 우리는 그것을 '르네상스(Renaissance)'라고 부른다. 고대 그리스와 로마의 세계가 부활했다. 도시 공화국은 그리스 폴리스(50쪽 참조)의 재탄생이었다. 르네상스 시대의 건축술은 기원전 1세기의 로마 건축가 **비트루비우스**(Vitruvius)[1] 의 건축론을 지향했다. 조각품들도 고대 도시들의 잔해에서 나온 대리석 조각들을 본따 만들어졌다.

고대의 문학들도 재발견되었다. 이는 인문주의자들의 업적이었다. 인문주의자란 그리스와 로마 작가들의 연구에 몰두하여, 자유로운 인간에 대한 그들의 견해를 되살리고자 했던 문학가들을 일컫는 말이었다. 이들은 학생들을 위한 번역을 가능케 하기 위해 사어들에 추후적인 규칙을 정했다. 오늘날 현대어들의 구조를 규명하는 데에 도움이 되는 문법은 바로 인문주의자들의 업적인데, 그 주된 유래가 된 것은 연설가 키케로(Cicero, 기원전 106~43년)가 사용한 고전 라틴어였다.

새로운 인간관에 상응하는 새로운 세계관

니콜라우스 코페르니쿠스(Nicolaus Copernicus, 1473~1543년)는 지구가 태양 주위를 돈다고 제창했다. 이 발견으로 인해 지구는 그때까지 사람들이 생각한 것처럼 우주의 중심이 아니라, 태양계의 수많은 별들 중 하나가 되어 버렸다. 하지만 교회는 그러한 그의 생각을 외면했다. 코페르니쿠스가 자신이 연구한 바를 쓴 책은 금서

로 지정되었다. 코페르니쿠스의 새로운 세계관이 교회에서도 인
정받기까지는 한참이 걸렸다.

ㅣ **비트루비우스** 로마의 건축가로 현존하는 가장 오래된 건축 서적의 저자이며 로마시대 건축
의 한 축을 담당하였다.

051

최초의 발견자들은 누구였나?

1453년, 콘스탄티노플이 투르크인들에게 함락된 이후 동서양 간 무역은 중단되었다. 그렇다면 유럽은 그렇게 좋아하는 인도의 향신료를 어떻게 얻었을까?

방법은 바닷길뿐이었다. 가장 먼저 나섰던 건 스페인과 포르투갈이었다. 1492년 크리스토퍼 콜럼버스(Christopher Columbus)는 작은 배 3척을 이끌고 스페인의 팔로스(Palos)항을 출발해 남서쪽으로 항해했다. 그의 목적지는 인도였다. 그는 지구는 둥글기 때문에 앞으로 나아가다 보면 그곳에 도달하리라고 생각했다. 그 시대에도 천문학자와 지리학자들은 이미 지구가 구형임을 알고 있었지만 일반인들은 그런 사실을 거의 알지 못했고, 콜럼버스의 선원들

중 일부도 지구 끝에 이르러 추락하게 될까 봐 두려워했다.[1]

콜럼버스는 인도로 가는 바닷길을 찾지는 못했지만, 그 대신 아메리카 대륙을 발견했다. 그의 뒤를 따른 정복자들은 중부 및 남부 아메리카의 원주민 제국들을 파괴하고(119쪽 참조) 최초의 식민지들을 건설했다. 처음 목적은 금과 은의 채굴이었으며 현지의 원주민들은 강제 노동에 동원되었다. 포르투갈인들은 아프리카 주위로 방향을 잡았다. 1498년 바스코 다 가마(Vasco da Gama)는 인도반도에 다다랐다. 그리하여 수익이 좋은 향신료 무역은 인도에 정착지를 건설한 포르투갈인들의 것이 되었다.

1494년 교황 알렉산데르 6세(Alexander VI)가 내린 중재 판결로 일시적인 세계의 분할이 이루어졌다. 약 서경 40도상에 스페인과 포르투갈의 식민지들 간의 경계선을 그었던 것이다. 나중에는 그와 비슷한 방식으로 동경 130도 경계선도 추가되었다. 이를 통해 브라질, 아프리카와 인도는 포르투갈, 그 밖의 아메리카 지역과 태평양의 섬들은 스페인의 소유가 되었다.

---

1 스페인의 후원을 받은 포르투갈 출신 페르디난드 마젤란(Ferdinand Magellan)의 세계일주 항해 (1519~1522년)로 마침내 지구가 둥글다는 것이 증명되었다

052

마르틴 루터가 원했던 것은?

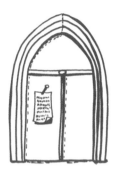

전면적인 교회 개혁에 대한 필요성은 오래 전부터 대두되었다. 이는 마르틴 루터 (Martin Luther)의 등장으로 현실이 되었다.

발단은 로마의 성 베드로 성당 건축을 위한 교회의 파렴치한 모금 활동이었다. 교황의 위임으로 독일 전역에서는 일명 면벌부가 팔렸다. 이 면벌부는 지옥에 떨어지지 않게 해 준다고 약속하는 증서였다.

아우구스티누스 수도회 수도사이자 신학 교수였던 마르틴 루터는 인간이 어떤 공적이 아닌 오직 믿음으로 하나님께 구원을 받는다는 결론에 도달했다. 자신의 견해에 모순되는 면벌부 판매에 경악한 그는 95개조 의견서라는 반박문을 내고 비텐베르크(Wittenberg) 대학 교수들을 토론에 초대했다. 루터의 친구들에 의해 인쇄된 그 의견서는 독일 곳곳에 퍼져나가 사람들의 반향을 불러일으켰다.

자신들의 이익은 물론 권위까지 잃을까 두려웠던 교회는 루터에게 입장 철회를 촉구했지만 루터는 거절했다. 그는 자신의 논리가 잘못되었다면 성경에 입각해 반박하라고 주장했다. 그러나 아무도 그렇게 하지 못했다. 1521년 **보름스 제국 의회**[1] 에서도 루터는 여전히 자신의 뜻을 굽히지 않았다. 결국 그에게는 제국 추방령이 내려졌지만(누구든 그를 죽여도 죄가 되지 않기에 사실상 사형과 같았다) 아무도 그를 해코지할 수 없었다. 작센의 선제후가 그를 튀링겐에 있는 바르트부르크(Wartburg)성으로 데려가 보호했기 때문이다. 루터는 그곳에서 신약성경을 번역했다. 그러는 동안 그의 가르침은 인쇄술의 발달과 맞물려 널리 퍼지며 승리의 발판을 다졌다.

---

[1] **보름스 제국 의회** 신성 로마 제국의 황제 카를 5세가 즉위한 후 최초로 열린 독일의 제국 의회. 여기서 루터가 본인 사상을 철회하는 것에 거부하자 황제는 보름스 칙령에 서명함으로써 루터에 대한 법률적 보호를 정지하고 출판물의 소각을 명하였다.

053

교회의 분파는 어떻게 이루어졌나?

루터는 자신의 이름을 건 새로운 교회의 창시 같은 혁명을 원한 것이 아니었다. 그는 단지 기존의 종교를 개혁하고자 했을 뿐이다. 하지만 종교 개혁의 결과 로마 교회는 분리되었다.

그다지 급진적이지 않은 루터의 성향은 1525년 농민 전쟁 때 드러났다. 반란을 일으킨 농민들은 비텐베르크의 그 신학자를 찾았지만, 루터는 그들에게 등을 돌렸다. 그는 누구나 국가, 즉 지배 계급에 예속되어야 마땅하다는 주장을 폈던 것이다. **토마스 뮌처**(Thomas Müntzer)[1] 같은 지지자들의 반발에도 그는 제후들의 군대가 농민 반란을 무자비하게 진압하는 것을 옹호했다.

루터의 가르침에 따르던 공동체들은 복음주의(복음서 원전을 중시했으므로) 또는 프로테스탄트(protestant)를 자칭했다. 그들은 1530년에 아우크스부르크 신앙 고백서에 신앙의 기본 조항들을 기록했고 그들만의 교회 형태인 복음주의적 루터 교회를 창안했다(다만 제후들의 지원이 있는 곳에서만 가능했다). 제국 내의 몇몇 지역들은 계속 교황과 가톨릭 교회 편이었다. 양측은 1546년 슈말칼덴 전쟁(Schmalkaldic War)에서 맞붙었다. 가톨릭 편에 선 황제 카를 5세(Karl V)는 뮐베르크(Mühlberg) 전투에서 승리를 거두었다.[2] 그러나 그것을 기회로 이용할 새도 없이 그는 곧 다시 국외의 적들에게로 주의를 돌려야 했다.

결국 1555년 아우크스부르크 종교화의에서 타협이 성립되었다. 프로테스탄트와 가톨릭교도들이 동등한 지위를 갖게 된 것이다. 각 지역에서 어떤 종파를 받아들일지는 그 지역의 제후들이 결정하도록 했다.

---

1   **토마스 뮌처** 독일 농민전쟁을 이끈 급진 종교개혁가이다. 1525년 농민전쟁에서 패해 참수형에 처해졌다.

2   가톨릭교도들은 일명 반종교 개혁(Counter Reformation)을 통해 예전의 정세를 회복하고자 했다. 카를 5세(1519년에 황제가 됨)는 이를 지지했다

054

카를 5세는 누구인가?

해가 지지 않는 제국의 통치자, 이는 합스부르크(Habsburg)가의 황제를 일컫던 말이다. 카를 5세는 카를 대제의 업적을 본받아 평화의 수호자이자 신앙의 옹호자가 되고자 했다.

카를 5세는 뇌물을 통해 왕위에 올랐다. 그는 독일 황제 선출권을 가진 선제후들에게 가장 많은 돈을 제공한 후보였다. 그 돈은 아우크스부르크의 잘 나가는 상인 가문, 푸거(Fugger)가로부터 온 조달된 것이었다.

카를은 19살에 황제로 선출되었다. 네덜란드에서 자란 그는 독일어가 서툴렀고 독일 제국의 상황에 대해서도 잘 알지 못했다. 그는 황제 막시밀리안 1세(Maximilian I)의 손자로서 스페인, 나폴리와 부르고뉴 네덜란드의 통치권을 물려받았다. 결혼을 통해서 그는 포르투갈까지 지배하게 되었다. 1530년 그는 볼로냐에서도 황제 자리에 올랐다. 카를 5세는 투르크인, 프랑스, 그리고 독일의 프로테스탄트 제후들과의 전쟁들에서 각각 승리를 거두었다. 중부 및 남부 아메리카에는 최초의 스페인 식민지들이 생겼다. 거대 제국의 윤곽이 잡혀가고 있었다.

그러나 중세의 제국을 부활시키고자 했던 카를의 관념은 새로운 시대에는 더 이상 어울리지 않았다. 또 카를이 생각하는 황제는 인문주의, 르네상스(122쪽 참조), 그리고 종교 개혁(128쪽 참조)과 같은 정신적 운동들에 대해서는 아무런 해답을 제공하지 못했다. 1555년 그는 자발적으로 모든 권력을 내려놓고 스페인의 어느 수도원에서 외롭게 지내다가 1558년 세상을 떠났다.

—— 055 ——

30년 전쟁은 어떻게 일어났나?

독일 내에서 벌어진 종교적 대립은 1555년 아우크스부르크 종교화의를 통해 잠시나마 진정되었다. 1617년 가톨릭 신자인 오스트리아의 페르디난트(Ferdinand)가 보헤미아(Bohemia)의 왕이 되면서 그러한 대립은 다시 격해졌다.

페르디난트는 왕위에 오르자마자 프로테스탄트 세력이 지배적인 나라를 가톨릭으로 바꾸려고 했다. 1618년 5월 23일 분개한 사람들이 프라하 성으로 몰려가 관리 2명을 창밖으로 던져 버렸다. 이일로 인해 30년간 독일을 떠들썩하게 했던 전쟁이 시작되었다. 처음에는 종교 전쟁으로 시작했지만 곧 정치적 이익이 뒤섞였고, 이는 전쟁이 길어질수록 심화되었다. 왜냐하면 점점 더 많은 세력이 가담하여, 결국에는 유럽의 절반이 독일 땅에서 전쟁을 하게 되었기 때문이다.

프로테스탄트 측에는 1625년 덴마크의 크리스티안 4세(Christian IV)가 가담했다. 1630년에는 스웨덴 왕 구스타브 아돌프(Gustav Adolf)가 전장에 출현했다. 1635년부터는 프랑스 군대도 가세했다. 영국과 네덜란드로부터 자금이 흘러들었다. 가톨릭 측에는 스페인의 증원군이 있었다.

가장 큰 피해자는 백성들이었다. 30년 전쟁은 이전의 그 어떤 전쟁보다 더 일반 대중을 힘들게 했다. 군대들은 노획물들로 먹고 살았다. 군인들을 부양한다는 명목으로 수많은 마을과 도시들이 약탈당했다.[1]

승자는 없었다. 1648년 뮌스터와 오스나브뤽에서는 **베스트팔렌 조약**[2]이 체결되었다. 이 조약은 중앙 유럽에서 150년간 잘 지켜졌고 이곳에서 더 이상의 종교 전쟁은 일어나지 않았다.

---

[1] 많은 군대에서 용병들이 복무했다. 그들은 대의가 아닌 돈을 위해 싸웠다. 그래서 알브레히트 폰 발렌슈타인(Albrecht von Wallenstein, 1583~1634년) 같은 장군들은 대규모 군대를 편성할 수 있었다.
[2] **베스트팔렌 조약** 30년 전쟁을 끝내기 위해 체결된 평화조약. 유럽의 근대화와 국민 국가 수립에 큰 영향을 끼쳤다

056

태양왕은 누구인가?

자신을 전차를 모는 태양신 아폴로로 형상화한 그림을 그리게 하고, 궁정 발레에서
는 금실을 짜 넣은 의상을 입고 떠오르는 태양처럼 춤을 췄다. 프랑스의 루이 14세
(Louis XIV)에게 태양은 곧 권위의 상징이었다.

1661년 루이 14세가 왕위에 올랐을 때 프랑스는 전성기였다. 30
년 전쟁(134쪽 참조)에 참여함으로써 프랑스는 몇 가지 소득을 얻었
다. 16세기 종교 전쟁(가톨릭 대 프로테스탄트, 프랑스에서는 프로테스탄트를
위그노라 불렀다)의 상처도 아물었다. 프랑스는 관료체제, 국가 주도
하의 튼튼한 경제, 그리고 언제든 동원이 가능한 무장 조직인 상비
군을 갖추고 있었다.

　전체적인 국가 구조가 최고 주권자에게 최적화되었다. 이러한

통치 형태를 절대주의(absolutism)라 하며, 태양왕 루이 14세가 그 대표자였다.[1] 다만 절대적, 즉 무제한적인 권력은 오직 군주에게 예속된 국민들만을 그 대상으로 했다. 도덕적, 종교적 법률 앞에서는 군주들도 굴복해야 했으며, 바로 이것이 절대주의 통치자와 전제 군주, 독재자와의 차이였다.

루이 14세는 긴 통치 기간(1715년까지) 동안 스페인, 네덜란드, 영국, 독일 제국과 수많은 전쟁을 벌였다. 그는 전쟁을 통해 프랑스의 세력을 넓히고자 했지만 결국에는 국고만 바닥나게 되었다. 그런데도 그는 반백 년이나 걸린 호화 건축으로 마침내 나라를 파산시키고 말았다. 파리의 베르사유 궁전을 짓는 데에는 현재 화폐로 따지면 250~300억 유로가 들었다(한화 약 35~42조 원).

---

[1] 루이 14세는 "짐이 곧 국가다"라는 말을 남겼다고 전해진다. 그러나 그가 정말 글자 그대로 그 말을 했는지는 확실하지 않다.

━━ 057 ━━

영국 의회는
어떤 권리들을 쟁취했나?

영국에서는 왕의 권력이 의회에 의해 제한되었다. 상원에는 명문 귀족 가문과 고위 성직자의 대표들이, 하원에는 하위 귀족과 부유한 시민 계급의 대표들이 있었다.

의회는 조세 승인권을 가지고 있었는데, 이 문제와 관련해 항상 왕과 충돌했다. 왕은 왕실이나 전쟁을 위해 돈을 쓰고자 했지만 신하들이 그것에 반대했던 것이다. 스튜어트 가문의 찰스 1세(Charles I) 때에는 이 문제를 두고 본격적인 다툼이 벌어졌다. 왕은 반항적인 의원들을 체포하기 위해 군대를 이끌고 하원에 쳐들어갔다. 이로 인해 1642년에 내전이 일어났는데, 결국에는 지방 귀족인 올리버 크롬웰(Oliver Cromwell)이 이끈 의회의 군대가 승리를 거두었다.

찰스 1세는 법정에 세워졌고 1649년 1월 30일 공개 처형당했다. 이는 당시 유럽에서는 굉장한 파장을 불러일으켰다.

크롬웰은 그 이후 독재 정권을 세웠지만 1658년 그의 사망과 함께 독재 정치도 와해되었다. 1660년부터 영국은 다시 스튜어트가, 오렌지가 출신의 왕들이 다스리게 되었지만, 이제는 의회의 권한과 국민의 자유권이 확정되었다. 1679년에 제정된 인신 보호법은 법적 근거가 없는 경찰의 체포 행위를 금지했다. 1689년에 제정된 **권리 장전**[1]은 의회의 조세 승인권을 공식적으로 인정했다. 의회 내에서의 언론의 자유가 보장되었으며, 법안 결의권이 인정되었다. 왕은 왕관을 의회로부터 받게 되었다. 이는 **입헌 군주제**(constitutional monarchy)[2]의 초석이 되었다.

---

[1] **권리 장전** 명예 혁명의 결과 이루어진 선언으로 영국의 절대주의를 종식시켰다.

[2] **입헌 군주제** 군주의 권력이 헌법의 제한을 받는 국가 형태.

058

러시아의 전제 정치란 무엇인가?

전제 정치란 러시아에서 오랫동안 행해졌던 통치 형태로, 말 그대로 '독재 정치'이다. 잘 알려진 전제 군주들로는 뇌제(雷帝)라 불리는 이반 4세(Ivan IV)와 표트르 대제(표트르 1세(Pyotr I))가 있다.

이반 4세는 3살의 나이로 러시아의 군주가 되었다. 1547년 차르가 된 그는 하급 귀족과 친위대의 지지를 얻어 세습 귀족의 권력을 빼앗기 위해 제국 개혁에 나섰다. 저항은 폭력으로 제압했고 적들은 죽이거나, 재산을 몰수하거나, 추방했다. 심지어는 온 도시의 주민들을 전멸시키기도 했다. 백성들은 그러한 공포 정치를 묵묵히 참고 견뎠다. 차르는 신의 은총을 받은 자로 여겨졌기에 아무리 그가 광포하다고 해도 어쩔 수가 없었던 것이다.

러시아 역사에서 중요한 한 가지 조치가 차르 이반 4세 시대에 생겨났다. 1558년 이반 4세는 스트로가노프(Stroganov)라는 상인 가문에게 시베리아 지역에 대한 소유권을 주었다. 이는 인류의 대규모 정복 행위, 즉 우랄 산맥 너머에 있는 거대한 지역의 개발을 촉발했다.

표트르 대제 역시 개혁에 열의를 보였다. 1689년 왕위에 오른 그는 낙후된 러시아와 유럽의 외교관계를 구축하기 위해 최선을 다했다. 외국의 전문가들을 러시아로 불러들이고 새로운 수도, 상트페테르부르크(Sankt Peterburg)를 건설했다. 그는 수염과 옷차림에 관한 것에 이르기까지 러시아의 옛 전통을 몰아내려 애쓰고 유럽식으로 바꾸려 했다. 저항하는 이들에게는 사형을 선고하기도 했다. 심지어 자신의 가족도 예외는 아니었다. 그는 아들 알렉세이(Alexej)도 감옥에서 굶어 죽게 했다.

059

늙은 프리츠는 누구인가?

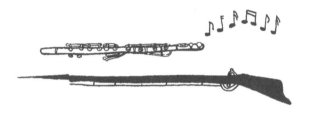

프로이센은 척박한 토양 때문에 '독일 제국의 모래통'이라 조롱을 받았다. 하지만 17세기와 18세기의 군주들은 영리하고 검소한 경영을 통해 이 왕국을 성장시켰다.

"나는 국가 제일의 심부름꾼일 뿐이다." 프리드리히 빌헬름 1세 (Friedrich Wilhelm I)는 이렇게 공포했고, 그의 아들 프리드리히 2세 의 생각도 다르지 않았다. 아버지가 죽은 뒤 프로이센의 왕이 된 그는 프로이센 왕국의 확장에 온 노력을 기울였다. 그는 제 몸을 아끼지 않고 오스트리아, 프랑스, 러시아와 맞선 전쟁들에서 자신 의 군대와 고난과 궁핍을 함께 했고, 치열한 전장에 몸을 던지는 걸 마다하지 않아 주변 사람들이 만류할 정도였다.

후세는 그에게 '대왕'이라는 명예로운 별명을 붙여 주었다. 하지만 그의 국민들에게 그는 '늙은 프리츠(Fritz)'로 통했다. 그의 대중적인, 부분적으로는 '현대적인' 태도를 입증하는 수많은 일화들이 있다. 그는 언론의 자유(신문은 제약을 받아서는 안 된다)와 종교적 관용(내 나라에서는 누구나 자기 방식대로 구원을 받을 수 있다)에 대해 말했다. 또 재판관에게는 "강자든 약자든, 부자든 가난한 자든 관계없이" 똑같은 법을 적용하라고 지시했다.

이에 대한 유명한 일화도 있다. 그의 상수시(Sanssouci) 궁전 옆에는 풍차가 하나 있었는데, 풍차의 달가닥거리는 소리가 그에게 매우 거슬렸다. 이에 그는 방앗간 주인에게 방앗간을 팔 것을 제안했고, 마지막에는 몰수하겠다는 협박까지 했다. 그러나 방앗간 주인은 베를린에는 법원이 있기에 자신은 왕의 자의적인 명령에 대해서도 보호받을 수 있다고 대답했다. 그러자 프리드리히는 자신의 계획을 포기하고 풍차를 그대로 두었다.

060

최초의 식민지 전쟁은
언제 일어났나?

스페인인들과 포르투갈인들은 16세기에 최초로 바다를 건너 식민지들을 건설했다.
영국인, 프랑스인과 네덜란드인들도 그 뒤를 따랐다.

그들은 아메리카와 그린란드 사이의 해역(1585/1610년), 북극 지
방(1648년), 태평양 군도의 수로들과 같이 가장 멀리 떨어져 있
는 지역들까지 탐험했다. 네덜란드의 아벨 타스만(Abel Tasman)은
1642~1659년에 모리셔스, 반 디멘스 랜드(Van Diemen's Land), 뉴
질랜드와 뉴기니 섬들을 발견했다. 영국의 제임스 쿡(James Cook)
은 세 번의 대항해를 통해 호주, 뉴칼레도니아, 뉴헤브리디스(New
Hebrides)와 이스터섬 해안까지 갔다. 특히 그는 하와이를 발견했

으며, 1779년 하와이 원주민에게 맞아 죽었다.

아시아와 아메리카의 자원을 착취하기 위해 컴퍼니(company)가 설립되었다. 곧 식민지를 차지하기 위한 경쟁도 벌어졌다. 인도에서는 먼저 포르투갈인들을 밀어낸 네덜란드인들이 이후 영국인들에게 패했고, 영국인들은 다시 프랑스인들과 이권 다툼을 벌여야 했다. 카리브해의 상업국들도 마찬가지로 서로 경쟁을 했다. 프랑스인들은 북아메리카 대륙의 북쪽, 지금의 캐나다에서부터 미시시피가 있는 남쪽까지 소유했다. 영국인들은 동부 해안에 처음 정착하여 '뉴잉글랜드'를 건설했는데, 그곳에는 유럽에서 종교 박해를 피해 온 사람들이 많았다. 이렇게 사람들이 끊임없이 몰려들다 보니 곧 열강들 간에 충돌이 벌어졌다. 1754~1763년에 아메리카 대륙에서 일어난 식민지 전쟁에서는 영국이 프랑스를 무찔렀다.

—061—

계몽주의의 목표는 무엇이었나?

17세기와 18세기, 유럽인들의 정신적 생활이 드디어 교회의 구속에서 벗어났다. 지구에 대한 과학적 연구가 이루어졌고, 무한한 지식의 가능성이 펼쳐졌다. 계몽주의 시대의 시작이었다.

계몽주의란 무엇인가? 독일의 철학자 임마누엘 칸트(Immanuel Kant)는 다음과 같이 설명했다. '계몽주의란 '인간이 스스로 초래한 미숙함에서 벗어나는 것'이다.'

자신의 이성을 사용하라! 내가 어떤 생각을 어떻게 할지에 대해 더 이상 다른 사람들이 지시하도록 하지 말라! 편견, 미신을 몰아내라!

계몽주의의 주체는 시민들이었다.

　귀족들은 파산했고, 새로 등장한 시민 계급이 사회의 기술 개혁과 과학 발전에 관해 앞장을 섰다. 시민들에게는 이상이 있었다. 이상이란 이성, 비판할 용기, 정신적 자유, 종교적 관용과 인간성 교육 등을 의미했다.

　계몽주의의 범위는 매우 넓었으며 계몽주의자들의 관심사는 방대했다. 교육학, 문학, 철학, 역사와 자연과학을 비롯해 종교적인 문제들까지 아울렀다.

　먼저 경제적, 사회적 분야에서는 계몽주의가 자유주의로 작용했다. 다시 말해 모든 상업, 거래와 경쟁은 자유로워야 하며 국가의 간섭 없이 이루어져야 한다는 것이었다. 이는 자유방임주의 사상으로 Laissez faire, laissez passer(하게 놓아두라, 지나가게 놓아두라)가 그 구호였다. 대표적인 자유방임주의 사상가로는 경제학자 애덤 스미스(Adam Smith)가 있다. 그는 그의 대표 저서인『국부론』에서 '보이지 않는 손'이라는 개념을 제시했다. 이는 모든 사람이 자기의 이익을 위해 노력한다면 결국은 사회 전체의 이익을 증진시키는 방향으로 나아갈 것이라는 이론이었다.

　계몽주의는 국가학 분야에서도 정치적 기폭제 역할을 했다. 영국의 존 로크(John Locke)와 프랑스의 샤를 드 몽테스키외(Charles de Montesquieu)는 국민 주권, 삼권 분립과 저항권 이론을 펼쳤다. 이는

· 장 자크 루소(1712~1778년) ·

영국과 미국에서 발달한 민주주의의 결정적인 요소들이 되었다.1

　그러나 계몽주의계의 급진적인 이단아도 이미 존재했으니, 바로 제네바 출신 작가 겸 교육학자인 장 자크 루소(Jean Jacques Rousseau)였다. 그는 저서 『에밀』에서 '자연으로 돌아가라'는 주장을 할 정도로 자연주의적이었으며 급진적인 사상가였다.

　그는 모든 권력은 국민에게 있으며 정부는 일정 기간 동안 그 권리를 위임 받은 것이라는 사회계약론을 주장했다. 다만 다른 계몽 사상가들과 구별되는 그의 이론의 중요한 차이점은, 국민의 의지를 개개인 의지의 총합이 아니라 공익을 목표로 하는 일반 의지(volonté générale)로 본 것이다. 그리고 이 일반 의지는 소수에 의해

서도 행사될 수 있었다. 루소의 이러한 이론은 프랑스 혁명(154쪽 참조)의 기틀을 마련했다. 프랑스 혁명이 촉발된 원인은 부분적으로는 대중의 참여 여부와는 관계없이 극소수만이 일반 의지의 행사와 정의 실현을 주장했기 때문이었다.

---

1   네덜란드의 휴고 그로티우스(Hugo Grotius)는 국가를 사교적 본성을 지닌 인간들이 자발적으로 결집한 조직체로 보며, 그 안에서는 누구나 생명, 자유, 재산에 대한 자연권을 가진다고 설명했다. 그의 이론에 따르면 왕권신수설이나 정복 전쟁은 있을 수 없는 일이었다.

—— 062 ——

아메리카 이주민들은
왜 모국인 영국에 반발했나?

영국 정부는 식민지들을 그저 돈줄로 여겼다. 하지만 북아메리카에서는 저항이 일어
나기 시작했다. 이주민들은 계속 영국에게 약탈을 당할 생각이 없었다.

식민지와 본국 간의 싸움은 조세와 관세의 인상으로 불이 붙었다.
'대표 없이 과세 없다', 이는 버지니아, 매사추세츠 등 북아메리카
동부 해안의 뉴잉글랜드 지방 이주민들이 런던 의회에서 공동 결
정권을 가질 수 없다면 세금도 낼 수 없다며 외친 구호였다.

　그러한 요구를 상징하듯 영국에서는 동인도 회사에 차 수출의
독점권을 주는 법을 통과시켰다.

　1773년 인디언 복장을 한 이주민들은 보스턴 항에 있던 배를 습

격해 차 상자 342개를 바다에 던져 버렸다. 이 사건은 미국 역사에 '보스턴 차 사건'으로 기록되었다. 3년 뒤 식민지 이주민들은 본국으로부터의 독립을 선언했다.[1] 그들은 대지주였던 조지 워싱턴(George Washington)의 지휘 아래 영국 군대와 싸웠다. 프랑스의 원조로 뉴잉글랜드의 13개 식민지는 군사적 우위를 점하게 되었다. 1783년 양측이 베르사유에서 강화 조약을 체결함으로써 영국은 캐나다를 제외한 해외 식민지를 포기하게 되었다. 그때까지는 느슨한 상태였던 아메리카 주들의 연방은 1787년 아메리카 합중국으로 단단히 결합되었다. 성공을 거둔 군사령관, 조지 워싱턴이 미국의 초대 대통령으로 선출되었다. 미국의 헌법은 삼권 분립과 이를 통한 상호 견제 체계를 갖춘 현대 민주주의의 근본 법칙이라 할 수 있다.

---

1 식민지 이주민들은 독립의 주요 원칙으로 모든 인간의 생존, 자유와 행복 추구의 권리('life, liberty and the pursuit of happiness')를 선언했다.

063

노예제도와 노예무역은
언제 폐지되었나?

노예제도는 고대 문명부터 존재했다. 대부분은 전쟁 포로들을 하인으로 부리거나 강제 노동을 시키는 식이었다. 로마 제국에서도 노예들은 힘든 일을 했다.

근대에 접어들면서 유럽에서는 노예제도가 대부분 폐지되었다. 그러나 식민지들에서는 여전히 지속되었으며 아메리카에서는 심지어 당연시되었다. 15세기 말부터 19세기 초까지는 노예무역이 성행했다.

카리브해의 섬들과 오늘날의 미국 남부에서 이루어진 사탕수수, 목화와 담배 재배에는 처음에 인디언들이 투입되었는데, 얼마되지 않아 온 부족들이 절멸하고 말았다. 이에 일부 상인들은 아프리카에서 노동력을 데려오자는 생각을 했다.

약 1200만 명의 흑인들이 배에 실려 미국으로 보내졌고, 그중 약 1000만 명이 살아남았다. 노예 시장에서는 남자, 여자, 아이들이 마치 가축처럼 거래되었다. 그들은 그들을 사는 사람의 소유물이 되었다. 노예가 일을 하다 지쳐서 죽거나 제대로 일을 못해서 죽도록 맞아도, 주인에게 책임을 묻는 사람은 아무도 없었다.

계몽주의(146쪽 참조)의 영향으로 영국 정부는 1807년에 첫 노예 무역 금지 조치를 내놓았고, 1815년에는 유럽 국가들 모두가 이에 합의했다. 하지만 노예 해방은 몇십 년 후에야 이루어졌다. 미국에서는 1865년 남북 전쟁(175쪽 참조)에서 남부가 패배한 뒤에야 노예제도가 사라지게 되었다.

—064—

프랑스 혁명은 어떻게 일어났나?

태양왕 루이 14세(136쪽 참조)의 사치스러운 궁정 생활과 수많은 전쟁으로 프랑스의
재정은 파탄이 났다. 그의 후계자들이 시도한 개혁은 효과가 없었는데, 이는 귀족과
성직자들이 오래전부터 누려온 특권을 내놓으려 하지 않았기 때문이다.

상황의 근본적인 변화를 촉구했던 건 바로 시민들이었다. 1789년
6월 파리 인근 베르사유에서 세금 인상을 위해 소집되었던 성직
자, 귀족, 평민 출신 의원으로 구성된 프랑스의 신분제 의회인 삼
부회가 해체되었다. 귀족과 성직자들이 평민과 합의하기를 거부
하자, 평민들은 국민 의회를 결성하고 프랑스 헌법이 제정되기 전
까지는 해산하지 않기로 서약했다.

이렇게 긴장된 상황 속에 온갖 소문이 난무했고, 루이 16세는

파리 앞에 군대를 집결시켰다. 이로 인해 수도에서는 반란이 일어났다. 1789년 7월 14일, 군중이 **바스티유(Bastille) 감옥**을 습격했던 것이다.[1]

8월 26일에는 미국을 본보기로 한 인권 선언이 이루어졌다. 1791년에는 프랑스 헌법이 제정되었다. 프랑스는 여전히 왕정이었지만, 공화정으로 가려는 움직임은 꾸준히 이어졌다. 유럽의 다른 나라들이 침략을 시도했지만 공화파의 의용군이 그들을 무찔렀다. 루이 16세는 도망치다 결국 사형에 처해졌고, 수천 명의 반혁명 세력들도 마찬가지였다. 나중에는 사이가 나빠진 혁명가들끼리도 서로를 단두대에 세우기도 했다. 1795년 온건파의 '총재정부'가 수립되면서 비로소 상황은 진정되었다.

---

[1] **바스티유 감옥 습격 사건** 오늘날까지 프랑스에서 국경일로 기념되어 대규모 퍼레이드가 열린다.

19세기

065

나폴레옹은 어떻게
정상의 자리에 올랐나?

1789년 혁명 때 나폴레옹은 일개 포병 중위에 불과했다. 8년 뒤 그는 승승장구하는 장군이 되었다. 다시 8년 뒤에는 유럽 최고의 권력자가 되었다.

혁명군 활동은 벼락출세의 지름길이 될 수 있었다. 코르시카 출신인 나폴레옹 보나파르트(Napoleon Bonaparte)는 1796/97년 북부 이탈리아에서 오스트리아군을 무찌르고 1789/99년 성공적인 이집트 원정을 마치고 나자, 자신의 군대가 자신에게 무조건적인 충성심을 갖고 있다고 확신하게 되었다. 1799년 11월 9일 그는 파리에서 쿠데타를 일으켰다. 그리고 자신을 공화국의 제1통령으로 명명했다. 하지만 그게 끝이 아니었다. 1804년 그는 자기 자신을 황제로 선포했다.

그는 1805년에 아우스테를리츠(Austerlitz)에서 오스트리아-러시아 연합군을, 1806년에는 예나(Jena)와 아우어슈테트(Auerstedt)에서 프로이센군을 무찔렀다. 1798년 아부키르(Abukir), 1805년 트라팔가(Trafalgar) 해전에서 프랑스에 참패를 안겨 준 영국만이 계속 저항했다. 나폴레옹은 중앙 유럽 나라들의 세계 질서를 바꾸어 놓았고, 신성 로마 제국(88쪽 참조)은 사라지게 되었다. 그는 자신의 가족들에게 전례가 없던 황족 칭호를 내렸다. 또한 1804년 전 유럽에 영향을 준 나폴레옹 법전(Code Napoleon)을 만들었다.

정복 전쟁은 쉬지 않고 계속되었다. 나폴레옹은 1808년에는 스페인을, 1812년에는 러시아를 침공했다. 하지만 계속해서 무리한 전쟁을 한 결과 러시아 원정은 실패로 끝났고, 나폴레옹의 퇴각은 독일과의 해방 전쟁을 촉발시켰다. 1813년 프랑스군이 라이프치히(Leipzig) 전투에서 대패함으로써 유럽에 대한 나폴레옹의 통치권도 무너지고 말았다.

—066—

빈 회의에서는 무엇이 논의되었나?

나폴레옹은 패배 후 지중해의 엘바섬으로 유배 보내졌다. 유럽의 정치적 지도자들은 나폴레옹이 엉망으로 만들어 놓은 상황을 정리하기 위해 빈에 모였다.

나폴레옹의 통치가 전적으로 억압으로만 여겨졌던 것은 아니다. 프랑스군은 유럽에 혁명적 이상을 퍼뜨렸다는 평가도 받았다. 그래서 1814년 9월 빈에서 회의가 열렸을 때 사람들은 자유와 민주주의가 강화되리라는 희망을 가졌다. 하지만 정치가들은 우선 상황의 안정과 안전을 확보하려 했고, 이에 따라 많은 군주와 왕들이 다시 제위에 올랐다. 5대 강대국이었던 프랑스, 영국, 프로이센, 오스트리아, 러시아는 서로 간에 세력 균형을 유지하자는 원칙을 세웠다. 하지만 이것은 지켜질지 장담할 수 없는 약속이었다.

결국 해결되지 않은 다수의 문제들이 남았다. 그리스는 계속 투르크의 지배하에 있어야 했고, 분할된 폴란드는 다시 합쳐지지 않았으며, 이탈리아의 소국 분립 상태도 계속되었다. 독일 역시 시민들이 요구했던 완성된 국가 형태를 갖추지 못했다. 단지 41개의 영방(領邦) 국가들이 모인 독일 연방만이 성립되었을 뿐이다.

이 회의가 진행되던 1815년 3월, 나폴레옹이 엘바섬을 탈출하여 남프랑스에 도착해 다시 군대를 소집했다는 갑작스러운 소식이 터져 나왔다. 또다시 전쟁이 벌어졌던 것이다. 회의는 전쟁 중에도 계속되었다. 1815년 6월 9일 최종 의정서가 조인되었다. 그리고 6월 18일 나폴레옹이 워털루 전투에서 패배함으로써 그의 장군 인생도 막을 내렸다.

—067—

시몬 볼리바르의 목표는
무엇이었나?

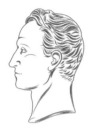

프랑스 혁명은 중남미에까지 영향을 미쳤다. 식민지들은 포르투갈과 스페인의 지배를 떨쳐냈다.

브라질 제국의 성립 과정은 대체로 순탄했다. 총독이었던 황태자 페드루는 사실 포르투갈 정부의 관리였지만 자발적으로 독립을 선언하여 1822년 자신을 황제 페드루 1세(Pedro I)로 선포했다. 1826년 포르투갈은 예전 식민지였던 브라질의 독립을 승인했다.

스페인의 경우는 어려움을 겪었다. 스페인은 해외의 점유지들에 유독 엄격한 체제(regime)를 수립하고 있었다. 원주민들은 물론이고 심지어 식민지에서 태어난 백인들(이들은 크리오요라 불렸다)도 국가 관직이나 교회 성직에 오를 수 없었다. 식민지들은 무역도 마음대로 할 수 없었고 국내 생산물은 전부 스페인으로 보내야 했고 또 스페인 생산물만 들어올 수 있었다.

스페인 왕 페르난도 7세(Ferdinand VII)가 식민지들의 대표권과 자유 무역에 대한 요구를 거절하자 식민지들은 독립을 위한 전쟁(1817~1824년)을 시작했고, 결국 스페인은 후퇴하게 되었다. 이때 미국은 자금을 대고 외부 세력의 개입을 막는 등의 원조로 식민지들의 승리에 결정적인 역할을 했다.

남미 독립 투쟁의 기수 시몬 볼리바르(Simón Bolívar)는 독립 전쟁을 통해 아메리카 합중국에 견줄만한 남미 국가 연합이 탄생하기를 바랐다. 하지만 스페인-포르투갈 식민 제국의 잔해 위에 세워진 나라들은 연합하지 않았고 각자 제 갈 길을 갔다. 볼리바르는 페루 대통령직을 마지막으로 1830년 실망감을 안고 관직에서 물러나 같은 해 세상을 떠났다.

068

1848년 혁명은 왜 실패했나?

독일의 시민들은 오랫동안 정치적 힘을 발휘하지 못했다. 그러나 1848년 2월 프랑스에서 일어난 2월 혁명으로 모든 게 달라졌다.

1848년 3월에는 독일에서도 혁명이 발발했다. 곳곳에서 시위가 일어났고, 베를린과 빈에서는 바리케이드 시가전까지 벌어졌다. 군주들은 일단은 한걸음 물러나 민중의 분노가 분출되는 것을 두고 보았다.

1848년 5월 18일 독일 여러 나라들에서 온 586명의 대의원들이 프랑크푸르트의 파울 교회에 모였다. 이 독일 최초의 의회에서는 1848년 12월에 기본권들의 목록을 의결했다. 법 앞의 평등, 세

습 특권 폐지, 신체의 자유, 신서의 비밀, 주거의 불가침, 사상, 종
교, 양심의 자유, 교육의 권리, 학문의 자유가 그에 속했다.

이 회의는 1849년 여름까지 열렸지만 독일 전체를 아우르는 단
일국 건설이라는 계획을 현실화하지는 못했다. 향후의 국가 형태
(왕정일지 공화정일지)나 국토(오스트리아를 포함할 것인지 말 것인지)에 대한 문
제들이 해결되지 못했다. 그러는 사이 다시 전열을 정비한 군주들
은 무력으로 상황을 예전으로 되돌렸다.

이로써 1849년 3월 파울 교회 의회에서 의결된 헌법은 효력을
발하지 못했다. 하지만 완전히 잊혀졌던 것은 아니었다. 특히 기
본법 목록은 1919년 바이마르 헌법(200쪽 참조)과 1949년 연방 공화
국의 기본법(230쪽 참조)으로 이어졌다.

069

증기 기관의 발명은
무엇을 야기했나?

18세기와 19세기에는 기술의 발달로 발명이 빠른 진척을 보였다. 이를 통해 정치적이 아닌 산업적 혁명이 시작되었다.

산업혁명은 증기 기관과 함께 출발했다. 증기 기관은 영국의 제임스 와트(James Watt)가 1769년에 최초로 발명했다. 이 새로운 동력 장치의 등장은 획기적인 변화를 가져왔다. 방적소, 주조소, 대장간에서 엄청난 생산 증가가 이루어지기 시작했다. **증기 기관**[1]을 궤도 차량과 선박 같은 교통기관에 설치함으로써 교통이 비약적으로 발달하였다.

마이클 패러데이(M. Faraday)가 1831년에 발견한 전자기 유도 법

칙의 발견으로 전기학의 기틀이 마련되었다.[2] 방적기의 발명으로 면 직물을 대량으로 가공할 수 있게 되었다. 1840년 리비히 (J. Liebig)가 발명한 화학비료는 농업 생산성을 증대시켰고, 1856년 퍼킨스(W. H. Perkins)가 합성염료 생산을 시작하면서 화학 산업의 기반을 제공했다. 이때까지는 많은 사람이 동시에 일하기는 하지만 간단한 도구를 사용한 수공업만을 하는 소위 매뉴팩처(manufacture)밖에 없었다.

기계의 발전으로 공장 노동이 시작되었다.

각 노동자가 기계를 이용해 자기가 맡은 작업만 계속 하는 분업이 이루어졌다. 방직의 발달은 이러한 변화를 여실히 보여준다. 방직공이었던 제임스 하그리브스(James Hargreaves)는 1764년에 방적기를 개발하고 '제니(Jenny)'라는 이름을 붙였다. 제니 방적기만 있으면 누구나 집에서도 일을 할 수 있었다. 몇 년 뒤 기업가들은 말의 축력이나 수력을 이용해서도 제니를 가동할 수 있다는 것을 알게 되었다.

1790년 에드먼드 카트라이트(Edmund Cartwright)는 최초의 동력 방직기를 만들었고, 이제 방직은 대형 공장에서 이루어지게 되었다. 여전히 손으로 일하는 방직공들과 증기 기관을 이용하는 공장

들 간에 경쟁이 벌어졌다. 동력 방직기 하나가 방직공 40명분의 성능을 냈으니, 그 싸움은 곧 대규모 자본을 가진 공장들에게 유리하게 되었다.

에너지 수요가 증가하면서 기계를 이용한 자원(목재, 석탄, 광석) 채굴 역시 성행하게 되었다. 광업과 철공업은 중공업과도 연관되었다. 이로 인해 수천 명의 사람들이 일하는 대기업들이 생겨났다.

이때까지는 화물이나 사람의 대규모 운송은 물길로만 이루어졌다. 철도가 생기자 육로 수송도 가능해졌다. 영국의 조지 스티븐슨(George Stephenson)이 만든 첫 증기 기관차는 1814년에 운행을 시작했다. 이 증기 기관차의 이름은 블뤼허(Blücher)호였다. 뒤이어 리버풀과 멘체스터 사이를 잇는 철도가 부설되었고, 역시 시트븐

슨이 만든 로켓 호가 이 철도 위를 달렸다.

　독일에서는 1835년에 '아들러(Adler)'라는 이름의 첫 철도가 탄생했다. 그로부터 수십 년 만에 철도망이 구축되었고, 1850년경 중앙 유럽에서는 알프스 고산 지대만 제외하고는 거의 모든 지역에 개발의 손길이 미쳤다.3

1　**증기 기관** 증기의 압력으로 실린더 내의 피스톤이 위아래로 움직이고, 커넥팅 로드가 그 상하운동을 회전운동으로 변환하는 장치

2　1866년 지멘스(W. V. Siemens)는 다이나모(Dynamo) 발전기를 발명했다. 1879년 미국의 에디슨(Thomas A. Edison)은 최초의 전구를 만들었다. 가우스(C. F. Gauss)와 베버(W. E. Weber)는 1833년에 전신기를 고안했다.

3　산업화가 진행되면서 인간은 생태계를 크게 침해하게 되었다. 독일의 루르 지방이나 영국의 미들랜드 등을 비롯한 모든 지역이 급속한 변화를 겪었다

· 19세기 ·

070

산업혁명은 어떤 결과를 초래했나?

산업혁명은 노동자들을 등에 업고 실현되었다. 초기의 공장들에는 그 어떤 보호 장치나 안전 규정이 없었다. 노동 시간도 불규칙적이었으며 임금은 공장주 마음대로 결정했다.

수많은 수공업자와 농부들은 공장과 농업의 기계화로 실직하게 되었다. 구직자들의 수가 늘어나자 공장 노동자 사이에 무한 경쟁이 이루어졌고 결국 가장 낮은 임금을 받겠다고 한 사람이 채용되곤 했다. 여기에는 여성과 아이들까지 포함되었다.

공업 지대의 상황은 암담했다. 19세기 전반의 상황을 기술한 보고서들을 보면 노동자들에 대한 공장의 착취, 비위생적인 주거 상태, 영양실조, 질병과 이른 죽음 등에 대한 묘사가 잘 나타나 있다.

이에 따라 노동 계급은 단호한 정치적 요구들을 내놓았다. 1848년 카를 마르크스(Karl Marx)와 프리드리히 엥겔스(Friedrich Engels)는 『공산당 선언』을 출판했다. 여기에는 다음과 같이 쓰여 있다. '공산주의자들은 자신들의 목적이 기존하는 모든 사회 질서의 폭력적인 타도를 통해서만 이루어질 수 있다는 것을 공언한다.' 마르크스는 자신의 글들, 특히 『자본론』에서 노동 운동의 학문적 기반을 마련하고 무계급 사회 실현 방안을 기술했다.

이후 결성된 노동자 조직들은 다소 **마르크스주의**(Marxism)[1] 적인 성격을 띠었다. 1851년 영국에서는 최초의 노동조합이, 1864년에는 국제 노동자 연합이 창설되었다. 1875년에는 오늘날 독일 사회민주당(SPD)의 전신인 독일 사회주의 노동자당(Sozialistische Arbeiterpartei Deutschlands)이 생겼다.

---

1 **마르크스주의** 마르크스와 엥겔스가 만들어 낸 정치적, 경제적, 사회적 이론 체계

071

이탈리아 왕국은
어떻게 성립되었나?

1814/1815년 빈 회의에서 이탈리아인들은 그들의 나라를 세우지 못했다. 하지만 민족 운동은 끊이지 않았다. 카부르(Cavour)는 결국 통일을 이루어 냈다.

북부 이탈리아에 있던 사르데냐-피에몬테 왕국이 통일을 주도했으며, 카밀로 카부르는 그 왕국의 재상이었다. 그는 영리하게 유럽 강대국들을 서로 반목시켰고, 자신의 목적을 위해서라면 과격한 운동을 이용하는 것도 서슴지 않았다. 그는 혁명가 주세페 가리발디(Giuseppe Garibaldi)가 나폴리 왕국에서 스페인 지배 세력에 대해 거둔 승리를 흔쾌히 이용했지만, 그 이후 혁명을 위한 가리발디의 노력을 성급히 끝내 버렸다.

오스트리아와 프랑스가 서로 극심한 경쟁을 벌이다 결국 전쟁을 일으키게 한 것도 카부르의 작품이었다. 그 전쟁은 당시 오스트리아가 점령하고 있던 북이탈리아에서 일어났다. 1859년 솔페리노(Solferino) 전투에서의 패배로 오스트리아는 강화 조약을 맺고 이탈리아를 포기해야만 했다. 이제 이탈리아 왕국 성립에는 아무런 걸림돌도 없었다. 1861년 사르데냐-피에몬테 왕국의 비토리오 에마누엘레 2세(Vittorio Emanuele II)가 왕위에 올랐다.

잔인했던 솔페리노 전투는 한 가지 유산을 남겼다. 스위스의 상인이던 앙리 뒤낭(Henri Dunant)은 전쟁의 참혹한 모습을 목격하게 되었고, 이에 전쟁 피해자들을 구호하는 조직을 설립하기로 결심했다. 1863년 '국제 부상자 구호 위원회'(현재의 국제 적십자 위원회-역주)가 출범했다. 스위스의 국장(國章)을 반전시킨 모양의 빨간 십자가 표장은 세계적으로 유명해졌다.

—072—

미국은 어떻게 영토를 확장했나?

1776년 독립을 선언했던 예전 영국 식민지 13개는 북아메리카 대륙의 극히 일부에 불과했다. 거대한 지역이 여전히 미개척 상태로 남아 있었다.

1783년 미국이 식민 통치국인 영국에 승리를 거두고 1803년 나폴레옹으로부터 1500만 달러에 루이지애나를 매입한 뒤, 서부의 드넓은 지대를 정복하고 이주하는 '서부 개척'이 시작되었다. 이주민 수백만 명이 이 '무한한 가능성의 땅'으로 밀려들었다.

단, 일부 사람들의 생각처럼 그 지역에 사람이 살지 않는 것은 아니었다. 그곳에는 대부분 들소 떼를 쫓아 대평원을 유랑하는 원주민들이 살고 있었다.

이주민들의 **빠른** 확산은 그 땅의 원주민들에게 재앙적인 결과를 초래했다. 백인들은 병을 퍼뜨리고, 들소 떼를 말살하고, 울타리를 두르고, 땅을 개간하고, 땅 위를 가로지르는 도로와 철길을 만들었다. 정부가 원주민들과 맺은 계약들은 금세 파기되었다. 원주민이 토지 강탈에 맞서는 곳에는 미국의 기병대가 나타났다. '인디언 전쟁(사실 일방적인 학살에 가까웠다)'이 끝날 무렵인 1880년경, 얼마 남지 않은 원주민들은 그들에게 제공된 몇 안 되는 지역들(소위 인디언 보호 구역)에서 살았다.

동시에 산업도 급속도로 발달했다. 하지만 이는 북부에만 한정된 것이었다. 남부는 여전히 수백만 명의 흑인 노예들을 동원해 농장을 운영하는 관습적 경제 방식에 머물러 있었기 때문이다(152쪽 참조). 이러한 경제적 대립은 남북 전쟁(1861~1865년) 때까지 심화되었으며, 더 강하게 무장했던 북부가 승리를 거두었다.

073

1871년 베르사유 궁전
거울의 방에서는 무슨 일이 있었나?

"이 시대의 문제들은 '철과 피', 즉 전쟁을 통해서만 해결할 수 있다." 이는 프로이센의 재상 오토 폰 비스마르크(Otto von Bismarck)가 1862년 취임식에서 했던 말이다.

비스마르크에게는 목표가 있었다. 바로 프로이센이 이끄는 독일 제국의 재건이었다. 프로이센의 재상이 된 그는 의회의 뜻과는 반대로 군비를 증강시켰다. 이로써 프로이센은 현대적이고 전투력 있는 군대를 갖게 되었다. 비스마르크는 세 차례의 대전(1864년 덴마크, 1866년 오스트리아와 독일 연합군, 1870년 프랑스를 상대로)에서 영리한 정치적 대책들을 확보해 둠으로써 제국 건설을 위한 전제 조건을 마련했다.

제국 헌법은 22개의 군주국과 3개의 자유시로 구성된, 프로이센 왕을 황제로 하는 독일 연방 국가를 계획했다. 지방 정부들은 연방 참의원에 대표를 파견하고, 참의원은 법안을 가결했다. 제국 의회도 있었지만 권리는 제한적이었다.

비스마르크는 모든 것을 아주 영리하게 계획했지만 독일 제국 수립을 선포하는 장소의 선택은 중대한 외교적 실수였다. 그 행사는 베르사유 궁전 내 거울의 방에서 열렸다(이때 프로이센은 프랑스와 전쟁 중이었다).

1871년 1월 18일 태양왕의 이 화려한 방 안에 환호성이 울려 퍼졌다. 제후들과 고위급 군인들이 모여 프로이센 왕 빌헬름 1세를 향해 환성을 올렸다. 이 행사는 프랑스의 국민적 자부심에 엄청난 상처를 입혔고, 결국 이웃 독일과의 평화는 이루어질 수 없었다.

074

빅토리아 시대란?

영국의 빅토리아(Victoria) 여왕은 아홉 자녀들의 결혼을 통해 유럽의 거의 모든 궁정들과 인척 관계를 맺었다. 그래서 빅토리아 여왕은 '유럽의 할머니'라 불렸다. 그녀의 손자들 중 한 명이 독일 황제 빌헬름 2세였다.

빅토리아 여왕의 오랜 집권 기간(1837~1901년)은 대영 제국의 부흥기였다. 이때 영국은 지구상의 4분의 1이 넘는 땅을 소유했던 역사상 최대 제국이었다. 무역의 거점들(사이프러스, 싱가포르, 아덴, 홍콩)과 새로운 무역로들(수에즈 운하)은 아프리카 동부 연안, 인도와 남태평양에 있는 식민지와 보호령들과의 확실한 연결 통로가 되었다. 몇몇 식민지들은 자치로 가는 첫 걸음을 내딛었는데, 그 예가 캐나다였다. 이들은 영국 연방(British Commonwealth of Nations)에 속하는

'자치령'이 되었다.

　인도는 영국에게 특별한 의미를 지닌 식민지였다. 이곳을 통치하던 동인도 회사가 청산된 뒤, 1857년에 영국령 인도 제국이 세워졌던 것이다. 빅토리아 여왕은 1877년 인도 황제직을 겸하게 되었다. 하지만 영국이 그 거대한 땅을 개척하던 중 인도 고유의 경제 구조는 파괴되고, 인도는 단순한 원료 공급지로 전락하게 되었다. 이에 인도의 민족 운동이 시작되었고, 마하트마 간디(Mahatma Gandhi, 1869~1948년)가 그 중심에 섰다.

　영국 내부에서 빅토리아 시대는 시민 계급의 전성기였다. 근면, 극기와 엄격한 윤리의식 같은 시민 도덕은 일반적인 규범이 되었다. '빅토리아풍(Victorian)'이라는 표현은 고상하고 금욕적인 분위기의 사회를 일컫는다.

075

제국주의는 어떤 위험을 야기했나?

산업혁명과 기계화는 대량 생산과 자본의 축적을 가능케 했다. 산업 국가들은 원료
공급처와 판매 시장을 찾아 점점 더 먼 곳으로 나아갔다.

유럽 국가들, 그리고 미국과 일본은 자기들이 우월한 인종에 속하
기 때문에 다른 나라를 지배할 사명을 갖고 있다고 여겼다. 이것
이 제국주의였다. 유럽에서는 한 번 정해진 국경에 만족하지 못하
는 민족주의가 제국주의를 제치고 나타났다.

1899년과 1907년 헤이그 회의에 모인 현명한 정치가들은 세계
의 평화적 질서를 도모하려 했지만, 실현될 가능성은 별로 없었
다. 노동자들의 노력(1912년 바젤 대회 같은)도 거의 효과가 없었다.

아직 '차지되지' 않은 식민지들을 둘러싼 치열한 경쟁이 벌어졌다. 19세기 말 마지막 20년간 아프리카의 대부분이 영국과 프랑스에 점령되었고, 벨기에와 이탈리아도 그곳에 식민지들을 확보했다. 인도 주변국들은 영국의 지배를 받게 되었고, 인도차이나는 프랑스령이 되었다. 미국은 파나마 운하 지대를 장악했다. 후발 주자로 등장한 독일 제국은 1884년 이후 독일령 남서아프리카(지금의 나미비아), 토고, 카메룬, 독일령 동아프리카(지금의 탄자니아)와 남태평양의 섬들을 얻었다.

이처럼 정신없는 해외 점령 경쟁 속에서 심각한 국제적 위기가 발생하기도 했는데, 1898년 영국과 프랑스가 수단의 파쇼다(Fashoda)에서 서로 충돌했던 것이 그 예이다.[1]

---

[1] **파쇼다 사건** 아프리카 분할 과정에서 영국과 프랑스가 충돌한 사건으로, 자칫 전쟁으로 이어질 뻔 했으나 프랑스의 양보로 마무리되었다.

—— 076 ——

일본은 어떻게 중세에서 벗어났나?

19세기 중반까지도 일본은 중세 시대와 같았다. 기사 계급인 사무라이가 지배층을 이루었다. 이때까지만 해도 일본에는 외국인들의 출입이 거의 없었다.

1853년 미국 함대 한 척이 도쿄만에 나타났다. 이로써 일본의 봉건 시대, 즉 땅을 소유하는 것이 곧 통치의 기반으로 여겨졌던 시대는 막을 내렸다. 미국인들은 일본에 세계 무역을 위해 문호를 개방할 것을 요구했다. 이제껏 매우 전통적으로 살고 일했던 이 나라는 불과 수십 년 만에 현대적인 산업 국가로 변모했다. 사무라이 계급은 특권을 박탈당해 다른 일본인들과 마찬가지로 세금을 내야 했다. 군제, 사법, 행정은 유럽을 본보기로 하여 개편되었

다. 외국의 전문가들을 데려왔으며 어린 일본인들을 미국이나 유럽으로 유학 보내기도 했다.

그러나 광범위한 민주화는 이루어지지 않았다. 의회가 소집되었지만 영향력은 거의 없었고, 권력은 여전히 천황과 고문단에게 있었다. 일본은 무제한적인 영토 확장 욕구를 드러냈다. 1894년에는 중국을 침략하고(184쪽 참조) 한국과 대만을 식민지화했다. 1904년에는 러시아와의 전투를 감행했다. 이는 일본이 가진 새 함대의 위력이 증명된 사건이었다. 1905년 5월 27일 쓰시마 해전에서 일본의 함대가 적군을 침몰시켰던 것이다. 러일 전쟁 끝에 체결된 강화 조약은 세계무대에 새 강대국이 등장했음을 알리는 것이었다.

077

중국 왕조는
어떻게 최후를 맞이했나?

한때 중앙아시아와 동아시아를 지배했던 강대국, 중국은 19세기에 들어 그 힘을 잃고 있었다. 제국주의 국가들은 이 오래된 대제국을 마음대로 주물렀다.

중국의 비참한 상황은 1839~1842년 아편 전쟁 때 만천하에 드러났다. 정신 나간 소리처럼 들리겠지만 이 전쟁은 아편이라는 마약을 둘러싼 싸움이었다. 영국이 관리하는 벵골만에서 재배된 아편은 뇌물로 매수된 관리들에 의해 중국으로 밀수되었다. 이에 중국 정부는 밀수를 막고 중국 내에서 아편을 전면 금지시켰다. 그러자 영국 함대가 중국 앞바다에서 포격하며 자국 물품의 자유로운 수출 허가를 요구했다. 중국은 이를 방어할 능력이 되지 못했다. 결국 영국군은 홍콩을 거점으로 확보하고 아편 무역을 이어가게 되었다.

1895년 청일 전쟁에서도 패하자 중국은 완전히 나락으로 떨어졌다. 일명 의화단이라는 외세 배척 비밀 단체가 결성되어 중국 내 외세의 활동에 저항하고 암살을 저지르기도 했다. 그러나 1900년 유럽 열강들(일본도)은 의화단 토벌에 나섰고, 베이징을 점령하게 되었다.

이후 중국 황실은 결국 개혁에 동의하고 말았다. 하지만 1911년에 의사였던 쑨원(孫文)의 지휘로 혁명이 일어났고, 1년 뒤 마지막 황제인 푸이(溥儀)의 퇴위와 공화국의 건설로 이어졌다.

—078—

비스마르크는 왜 파면되었나?

독일 제국 재상 오토 폰 비스마르크는 제국의 헌법을 자기 자신과 황제 빌헬름 1세와의 관계 유지에만 초점을 맞춰 제정했다. 빌헬름 1세는 1888년까지 살았다. 그의 손자인 빌헬름 2세가 권력을 장악하게 되자, 모든 것이 달라졌다.

빌헬름 2세는 단순히 황제로서의 체면 차리기에 만족하지 않았다. 그는 직접 정치를, 그것도 세계 무대에서 하기를 원했다. 이 점에 있어서 그는 영향력 있는 이들의 지지를 받았다. 당대인인 발터 라테나우(Walter Rathenau)는 당시 지배적이던 분위기를 다음과 같이 기술했다. '사람들이 부자가 되고 권력을 갖게 되더니 그것을 세상에 보이고 싶어했다.'

반면에 재상 비스마르크는 겸손하라고 경고했다. 국제적 불화의 유발자가 아닌 중재자, 이것이 독일의 역할이라는 것이었다. 그는 식민지 개척에도 적극적이지 않았고 빌헬름 2세의 주특기였던 함대 문제도 중요하게 여기지 않았다. 하지만 황제와 결렬된 주요 원인은 **사회민주주의**(Social democracy)1에 대한 인식의 차이였다. 비스마르크는 강경하게 1878년에 제정된 악명 높은 사회주의자 탄압법의 연장을 원했지만, 빌헬름 2세는 이것을 폐기하고자 했다.

1890년 3월 비스마르크는 파면되어 함부르크 인근 작센발트 (Sachsenwald)의 소유지로 물러갔다. 그의 후임은 빌헬름 2세의 요구에 잘 따르는 인물이었다. 독일은 다른 나라들과 외교 관계가 틀어지게 되었다. 비스마르크가 러시아 등과 맺었던 관계는 중단되었다. 독일 주위에서 독일 제국이 제외된 동맹 체계들이 생겨났다. 군함 건조 경쟁으로 영국과도 적이 되었다. 독일은 '해가 비치는 곳의 한 자리(1897년 제국 의회에서 나왔던 말)'를 원했지만, 점점 더 음지로 들어가고 있었다.

---

1 **사회민주주의** 국가의 국민에 대한 사회적 복지를 중심으로 하는 정치 노선.

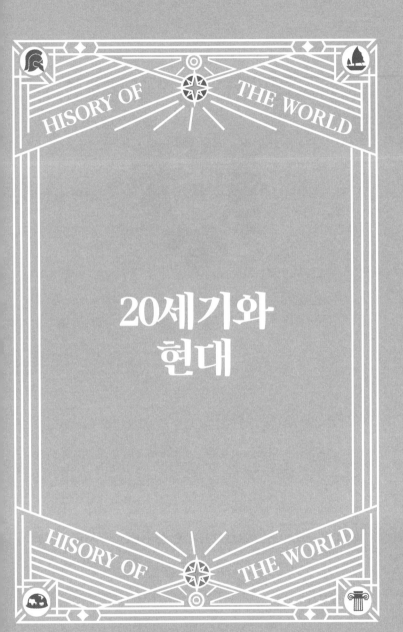

20세기와
현대

079

사라예보 사건은 무엇을 초래했나?

오스트리아–헝가리 이중 제국(Dual Monarchy)이 수립되었을 때는 아직 민족주의가
성행하기 전이었다. 그러나 20세기 초부터 이 다민족 국가는 동요하기 시작했다.

동요의 진원지는 발칸반도였다. 남부 슬라브인들은 자치를 요구
했다. 1878년 자치권을 획득했던 세르비아는 이를 지지했던 반면,
크로아티아와 보스니아는 오스트리아–헝가리 제국의 동맹으로 남
아 있거나 나중에 들어왔다.

1914년 6월 28일 보스니아의 수도 사라예보(Sarajevo)에서 오스
트리아의 왕위 계승자인 프란츠 페르디난트(Franz Ferdinand)와 그의
아내 조피(Sophie)가 어느 보스니아 학생에게 사살되었다. 빈의 정

치가들은 즉시 세르비아가 그 테러의 배후임을 알아챘다. 하지만 그들은 이웃 세르비아에 대한 공격적 조치를 취하기 전에 먼저 동맹국인 독일에 지원을 구했다. 황제 빌헬름 2세는 싸움을 부추겼다. '세르비아인들은 소탕되어야 한다, 그것도 신속하게.' 이것이 베를린에서 온 전갈이었다.

외교적 상황은 7월 내내 계속 바뀌었지만, 그래도 치명적인 사건으로 이어지는 것을 막지는 못했다. 세르비아는 러시아의 지원을 받았고, 러시아는 프랑스와 동맹을 맺었으며, 프랑스는 다시 영국과 동맹 관계가 되었다. 그리고 각국의 군대들은 어차피 전쟁은 벌어질 테니, 적군보다 더 빨리 움직이는 것이 중요하다고 주장하며 전쟁 준비를 서두르기 시작했다.

세르비아에 대항할 오스트리아군이 집결하자 즉시 동원령들이 잇따랐고, 1914년 8월 1일부터는 선전 포고들도 이어졌다. 유럽에서 등불들이 꺼져 갔다(영국 외무장관 그레이의 말이었다).

080

제1차 세계대전은
어떻게 진행되었나?

1914년 8월 젊은이들은 흔쾌히 전쟁에 나갔다. 그리 오래 걸리지 않으리라는 생각
때문이었다.

"낙엽이 떨어지기 전에 다시 집으로 돌아갈 것이다." 독일 황제 빌헬름 2세는 군인들에게 그렇게 약속했다. 독일 사령부 역시 자신들의 계획이 틀림없다고 믿었다. 벨기에를 지나 파리까지 이르는 대규모 진격으로 프랑스군과 영국 지원군을 포위한다는 것이었다. 그런 다음에는 전력을 다해 러시아에 맞설 터였다. 하지만 서부에서의 진격은 6주 만에 멈추었고, 군대는 참호를 팠다. 그리고 수년간 진지전이 지속되면서도 승부가 나지 않은 채 10만 명이

목숨을 잃었다.

전쟁은 확산되었다. **동맹국**[1] 측(독일, 오스트리아)에는 터키와 불가리아가, **연합국**[2] 측(영국, 프랑스, 러시아)에는 이탈리아와 루마니아가 개입했다. 새로운 전장들이 계속 생겨나, 전쟁은 멀리 동부 전선과 발칸반도, 팔레스타인과 메소포타미아, 알프스 능선과 아랍의 사막에서도 일어났다. 해외 식민지들도 전쟁의 무대가 되었다. 항공기, 기관총, 탱크, 잠수함 등의 신식 무기들이 투입되었다. 군수품과 물자 소비에 대한 계획은 무의미해졌고 각국은 어떻게든 뒤처지지 않기 위해 온갖 역량을 동원해야 했다.

1917년 러시아는 물러났지만 그 대신 미국이 전쟁에 등장했다. 미국의 병력과 장비로 동맹국은 더 이상 버티지 못하게 되었다. 1918년 가을, 동맹국들은 휴전을 요청하기에 이르렀고 11월 11일, 그 마지막이 독일 제국이었다.

---

[1] **동맹국** 1차 세계대전에서 독일, 오스트리아, 오스만 제국, 불가리아 등이 포함된 동맹 진영.

[2] **연합국** 동맹국에 대항하여 연합한 국가들. 프랑스, 러시아, 영국 등이 있으며 협상국이라고도 한다.

──081──

기차 여행으로 시작된 혁명은?

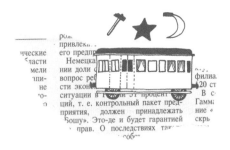

제1차 세계대전 당시 독일 정부는 적들을 와해시킬 수만 있다면 수단과 방법을 가리지 않았다. 그리하여 그 시대의 가장 위험하고 열정적인 혁명가, 블라디미르 일리치 레닌(Vladimir Ilyich Lenin)과 동맹을 맺기에 이르렀다.

레닌은 다른 공산당 동지들처럼 러시아 경찰을 피해 외국으로 도피했다. 그가 스위스 취리히에 살고 있던 1916년 3월, 소식이 들려왔다. 러시아에서 군대가 반란을 일으키고, 차르가 폐위되었으며, 시민들이 정부를 장악했다는 것이었다. 레닌이 돌아갈 길은 열려 있었고, 시민들의 권력 획득으로 공산주의 혁명을 일으킬 가능성도 충분해 보였다.

문제는 그가 독일 땅을 넘어가기 위해서는 공산주의 혁명가에게는 전혀 호의적이지 않은 독일 제국을 지나가야만 했다는 점이다. 그런데 당시 전쟁 상대인 러시아를 동요시킬 수 있는 사람이라면 누구든 환영했던 독일 제국 정부는 레닌의 통과를 허락했다.

1917년 4월 레닌과 그의 동지들은 그들을 위해 특별히 마련된 열차를 타고 그 당시 러시아 제국의 수도였던 상트페테르부르크로 갔다. 그곳과 모스크바에는 이미 노동자 및 군인 평의회가 결성되어 점차 당당한 활동을 펼치고 있었다. 레닌과 볼셰비키당은 그들과 함께 권력 인수를 위한 준비를 갖추었다. 레닌의 이론에 따르면 아무리 소규모 단체라도 결의만 충만하다면 성공할 수 있었다.

1917년 11월 7일의 혁명은 성공했다.[1] 군중들은 상트페테르부르크 겨울 궁전의 임시 정부 청사로 몰려갔다. 레닌을 수장으로 하는 인민 위원회가 정권을 잡았다. 레닌은 우선 러시아가 전쟁에서 물러날 것임을 알렸다. 그러고는 도입된 지 얼마 되지도 않았던 민주주의를 끝냈다. 시민 정당들이 여전히 다수를 차지했던 제헌 의회는 강제 해산되었고, 러시아는 소비에트 공화국으로 선포되었다. 또 혁명 반대자들을 탄압하기 위해 체카(Cheka)라는 비밀 경찰 제도가 시작되었다.

러시아에도 다수의 혁명 반대자들이 존재했는데 특히 군인, 귀족과 시민들 중에 많았다. 혁명을 저지하려는 왕당파 장군들은 미국 등 외국의 원조를 받아 군대를 편성했다. 1918·1920년 외세가

개입한 내전의 발발로 **볼셰비키**(Bolsheviki)[2] 체제는 여러 번 침몰 위기를 맞았다. 그러나 결국 혁명을 지지하는 무장 노동자 부대인 적군(赤軍)이 승리했다.

혁명을 이끌었던 레닌은 1924년 1월 21일에 사망했다. 한 남자가 그의 후계자로 나섰다. 레닌은 그에 대해 경고는 했지만 그가 권력을 잡는 것을 막지는 못했다. 그는 바로 이오시프 스탈린(Iosif Stalin)이었다. 소비에트 러시아에서는 스탈린의 독재가 시작되었고 그가 1930~1938년에 단행한, 자기 진영을 포함한 '대숙청'

으로 인해 수백만 명이 수용소에서 희생되었다. **농업의 강제 집단화**(collectivization)[3] 와 중공업 육성을 통해 소련은 세계적 강대국의 반열에 올라섰다.

---

[1] 볼셰비키의 러시아 정부 전복을 10월 혁명이라 하는데, 이는 그 사건이 당시 러시아의 시간 계산법에 따르면 1917년 10월 25일에 일어났기 때문이다. 차르 니콜라이 2세(Nicholas II)와 그의 가족들은 볼셰비키 혁명이 진행 중이던 1918년 7월에 살해당했다.

[2] **볼셰비키** 러시아 사회 민주 노동당의 다수파

[3] **농업 집단화** 농민들이 자기 땅을 조합에 내줌으로써 그 땅을 공공의 소유가 되도록 하는 것

082

베르사유 강화 조약의 목적은
무엇이었나?

제1차 세계대전이 끝난 뒤 파리 근교에서는 강화 회의가 열렸다. 독일 문제를 협상하는 장소로 택해진 곳은 다름 아닌 베르사유였다.

1871년 독일 제국이 수립되었던(177쪽 참조) 루이 14세의 궁전에서, 1919년에는 독일의 교섭자들이 승전국에 의한 조약을 받아들이게 되었다. 그것은 공평한 강화 조약이 아니었다. 그랬기 때문에 이는 오히려 민족적 감정을 지나치게 불타오르게 하는 도화선이 되었다. 연합국의 중심이었던 프랑스는 전쟁으로 인한 피해가 특히 컸기에 독일에 다시는 위협을 가하지 않겠다는 약속과 거액의 손해 배상을 요구했다.

여기에 더해 알자스로렌, 단치히, 메멜란트, '폴란드 회랑'(베르사유 조약으로 폴란드령이 된 서프로이센과 포즈난의 북부 지방-역주)'과 상부 슐레지엔의 동부 등 대규모 지역들이 독일 제국으로부터 분리되었고, 독일은 '피해 배상금', 즉 전쟁 비용 배상금을 지불하고 군대와 함대를 대폭 축소하며 항공기와 중무기를 전부 포기해야 했다. 그리고 무엇보다도 자국이 전쟁을 발발한 장본인임을 시인해야 했다.

독일 내에서는 이러한 치욕적인 베르사유 조약에 대한 저항이 빗발쳤다. 특히 '전쟁 책임에 대한 허위'가 가장 큰 이유였다. 하지만 승전국들이 만일 조약에 서명하지 않는다면 교전을 재개하고 독일 전체를 점령하겠다는 위협을 해왔기 때문에 독일로서는 조약에 서명할 수밖에 없었다. 이 조약은 1919년에 수립된 공화국에 큰 부담이 되었다. 이 때문에 히틀러의 민족사회주의 독일 노동자당(NSDAP)을 필두로 한 급진적인 정당들이 '베르사유'의 파기를 약속함으로써 많은 독일인들의 지지를 받게 되었다. 그러나 이들은 공화국의 전복을 노리고 있었다.

083

바이마르 공화국은
어떤 부담을 겪었나?

1919년 7월 31일 독일 최초의 공화국이 탄생했다. 국민 의회는 상황이 불안했던
제국의 수도, 베를린 대신 바이마르에서 열렸다.

그러한 장소의 선택에는 또 다른 이유가 있었다. 베를린은 프로이
센이 이끌었던 낡은 제국을 대변하고, 군국주의와 세계적 강국에
의 열망을 상징했다. 그러나 그 신생 국가는 시민적이고 평화로운
상황을 원했다. 괴테와 실러의 도시, 오랜 인문주의적 전통을 지
닌 바이마르가 안성맞춤이었다.

그런데도 이 젊은 공화국은 패배 끝에 탄생했다는 이유로 고전
했다. 황제는 도망갔고, 전쟁에 달려들었던 군인과 정치가들은 피

신했다. 1919년 이후 선출된 모든 정부들은 전쟁의 결과들, 막대한 부채와 경제적 어려움을 어떻게 해결할 것인가 하는 문제에 직면했다. 프랑스를 필두로 한 승전국들이 강화 조약 상의 의무를 이행할 것을 끈질기게 요구했기에 독일 정치는 그 활동권이 한정될 수밖에 없었다.

게다가 독일 국민의 대다수는 공화제를 전혀 원하지 않았다. 그들은 의회를 '크바셀부데(Quasselbude, 독일어로 '수다나 떠는 가게'라는 뜻-역주)'라 부르며 의회의 활동을 무시했다. 그들은 세계대전에서 독일이 패배한 사실을 인정하려 하지 않았고, 반역과 모반을 믿었으며, 마침내는 독일의 힘과 위대함을 되찾을 묘약이 있다고 주장하는 정치적 선동자들의 희생양이 되었다.

사회주의자와 공산주의자들은 전혀 사회주의적이지 않은 이 공화국이 불만이었을 것이다.

084

자동차의 발명은
세상을 어떻게 바꾸어 놓았나?

오늘날 전 세계적으로는 약 7억 대, 독일에만도 5400만 대의 차량들이 있다. 그러나 120년 전만 해도 그 수는 손에 꼽을 정도였다.

1886년 1월 29일에 독일 만하임의 기계기술자 카를 벤츠(Carl Benz)의 3륜 자동차가 특허를 받았다.

같은 해에 슈투트가르트 인근 칸슈타트(Cannstatt)에서 고트리프 다임러(Gottlieb Daimler)는 빌헬름 마이바흐(Wilhelm Maybach)가 개발한 1.1마력 엔진을 목제 마차에 장착했다. 자욱한 연기와 지독한 냄새를 내뿜던 이 기계들은 크나큰 파장을 불러일으켰다. 오늘날 자동차는 세계 각 나라의 얼굴이 되었다.

자동차 제작은 현대의 가장 중요한 산업 분야들 중 하나다. 1913년 미국의 기업가 헨리 포드(Henry Ford)의 발명은 자동차의 보급에 결정적 역할을 했다. 그는 시카고의 대형 도축장에서 고기들이 고리에 걸린 채 작업자들 앞으로 돌아가면 작업자들은 한 자리에서 매번 같은 부위를 해체하는 작업 광경을 보게 되었다.

포드는 그러한 경험을 자신의 공장에서 자동차를 조립하는 데에 적용했다. 차량들은 더 이상 한 지점에서 조립되지 않고, 공장 안에 면밀하게 설계된 기다란 길 위에서 만들어졌다. 차량이 컨베이어 벨트에 실린 채 작업자들 앞으로 지나가면, 각 작업자는 자기가 맡은 작업을 하거나 부품을 설치했다.

이를 통해 비생산적 노동과 헛수고, 특히 재료나 도구를 찾고 가져오는 데 걸리는 시간이 절약되었다. 또 자동차 한 대를 생산하는 데에 걸리는 시간도 혼자 조립할 때에 비해 현저히 줄었다. 이러한 컨베이어 벨트 원리는 곧 다른 제품들의 대량 생산에도 적용되었다.

— 085 —

1929년 대공황의 영향은
어느 정도였나?

1929년 10월 25일은 세계 경제 역사에 '검은 금요일'로 남았다. 뉴욕 월가의 주식 시장에서 주가가 폭락했던 것이다.

미국인들은 빚을 내는 데에 익숙했다. 제1차 세계대전 후 미국 경제는 급속히 성장했다. 도시에는 고층 건물들이 세워졌고, 사람들은 자동차, 냉장고와 라디오를 사고 극장에 다녔다. 경제 호황은 영원할 수 없으므로 고급 소비재들의 판매도 점차 줄어들었다. 하지만 상황의 변화를 감지한 사람들은 별로 없었다. 오히려 다들 주식을 사는 데에 더욱 열을 올렸다. 주식으로 진짜 부자가 될 수 있다는 생각에서였다. 심지어 경제적 여유가 전혀 없는 사람들도 마찬가지였다. 그들은 주식을 사기 위해 돈을 빌렸고, 은행들도 돈을 쉽게 내주었다.

1929년 가을, 마침내 거품이 터졌다. 적은 폭의 하락만으로도 사람들은 엄청난 공포에 휩싸였다. 모든 사람들이 주식을 팔고자 했다. 그러나 그것을 사려는 사람은 아무도 없었다. 주가는 급락하여, 어떤 주식은 그 가치가 90퍼센트나 떨어졌다. 방금 전까지 가지고 있던 재산이 일순간에 사라져 버린 꼴이었다. 은행들은 파산했고, 공장 역시 자본금이 없으니 생산도 줄어들었다.

이것은 미국만의 문제가 아니었다. 거의 모든 산업 국가들이 이 경제 위기로 영향을 입었다. 유럽에서도 은행들이 문을 닫았고 회사들은 파산을 신청했다. 물가 안정을 위해 농산물이 폐기되는, 도저히 이해할 수 없고 이전까지는 상상할 수도 없었던 일이 벌어졌다. 그리고 엄청난 수의 고학력자들이 일자리를 구하지 못해 거리에 쏟아져 나왔다.

—086—

파시즘은 무엇인가?

이탈리아는 제1차 세계대전의 승전국이었다. 하지만 전쟁을 겪으며 나라의 경제가 크게 파괴되었다. 그래서 수많은 이탈리아 사람들은 승리를 거두었음에도 패전한 것 같은 기분이 들었을 것이다.

그들의 대변자는 초등학교 교사이자 과거 사회주의자였던 베니토 무솔리니(Benito Mussolini)였다. 그는 1919년 3월 '전투자 동맹(Fasci di Combattimento)'을 만들었다. 그 이름은 고대 로마의 공원력의 상징이었던 '파스케스(fasces, 막대기 다발)'에서 유래했다. 이 '파시즘(Fascism)' 운동은 국제적으로 유명해졌고 때로 모방되기도 했다. 대중 앞에서 카리스마를 발휘했던 무솔리니는 강한 나라를 설파했다. 그는 강화 조약이 이탈리아를 등한시한 것이라고 비난했으며,

사회주의자들의 몰수 요구에 대항해 기업가들과 대지주들의 편을 들어 주었다. 이것이 그를 통치 계급의 반열에 오를 수 있게 만들었다.

1922년 그의 권력은 검은색 유니폼 차림의 지지자들과 함께 '로마로 진군'하여 무혈 쿠데타를 감행할 정도로 비대해졌다. 정부는 해산되었고, 무솔리니는 수상이 되었다. 몇 년 만에 그는 독재자로까지 권력을 확장했다. '믿어라, 복종하라, 싸워라', 이것은 그가 대중 집회 때마다 외쳤던 구호였다. 그는 지중해권과 아프리카(알바니아, 리비아, 에티오피아) 점령을 통해 이탈리아를 로마 제국의 후예로 만들고자 했다.

독일의 독재자 히틀러와의 동맹은 무솔리니에게 불행을 초래했다. 제2차 세계대전 당시 독일 편에 섰다가 독일의 패망과 함께 몰락했던 것이다. 1945년 4월 29일 무솔리니는 **파르티잔**(partisan)[1] 들에게 총살당했다.

---

1 **피르티잔** 지하 운동가

— 087 —

히틀러는
어떻게 권력을 잡았나?

아돌프 히틀러는 독일의 무솔리니라 불렸다. 그는 그 이탈리아 독재자와 아주 비슷한 출세 과정을 겪었다. 불안해하는 대중의 구원자를 자처했다는 점도 같았다.

제1차 세계대전 후 돌아온 히틀러는 국방군의 정보원이 되어 뮌헨에 있는 병영에서 지냈다. 그곳에서 히틀러는 '독일 노동당'이라는 소수 단체를 만나 선전 담당으로 고용되었다. 그의 말재주 덕분에 그 별볼일 없던 단체는 곧 널리 이름을 알리게 되었다. '민족사회주의 독일 노동자당(NSDAP, 일명 나치스-역주)'으로 이름을 바꾼 그 정당은 머지않아 상당한 규모로 성장했다.[1]

1923년 11월에 히틀러는 쿠데타를 시도했으나 완전히 실패했다. 그 사건으로 그의 지지자 16명이 목숨을 잃었다. 히틀러는 재판을 받게 되었지만 가벼운 금고형만 받았을 뿐이었다. 그는 감옥에 있는 기간 동안 자신의 정치적 신조를 『나의 투쟁(Mein Kampf)』이라는 책으로 옮겼다. 유대인에 대한 투쟁과 정복 프로그램, 독일 민족을 위한 '생활권' 확보가 주된 내용이었다.

감옥에서 나온 히틀러는 작전을 변경했다. 더 이상 폭력적인 쿠데타가 아닌 투표를 통해 집권하겠다는 것이었다. 1929년 세계 대공황(204쪽 참조)이 그에게는 천운이었다. 궁핍해진 민중들은 이제 공화국에는 아무것도 기대할 수 없으니 그 강인한 남자에게 희망을 걸어보자고 생각했다. 1932년 민족사회주의 독일 노동자당은 선거에서 극적인 승리를 거두었다. 1933년 1월 30일 힌덴부르크 (Hindenburg) 대통령은 히틀러를 총리로 하는 제국 정부의 수립에 동의했다.

---

1 나치스는 정치적 적수들과의 대결을 위해 사병 조직인 '나치 돌격대(Sturmabteilung, SA)'와 히틀러의 개인 경호대나 다름없는 '나치 친위대(Schutzstaffel, SS)'를 두었다.

—088—

제3제국의 '파악'이란 무엇이었나?

히틀러가 권력을 잡도록 도와준 시민 엘리트들은 언제든 그를 다시 버릴 수 있으리라 생각했다. 하지만 '퓌러(Führer, 지도자라는 뜻으로 지지자들이 히틀러를 부르던 말)'는 곧 후원자들의 그러한 안일한 생각을 바로잡았다.

민족사회주의자들은 노동자 운동 조직을 삼켜 버렸을 뿐만 아니라 결국 의회 제도까지 없애 버렸다. 정당들, 행정 기구들, 직업 조합들, 청소년 단체들, 문화 시설들까지, 모든 것이 한 노선에 맞춰졌다. 이러한 과정을 '획일화(Gleichschaltung)'라 일컬었다.

거대한 탄압 조직도 생겼다. 정치적 반대파는 순식간에 지어진 강제 수용소에 수용되었고, 비밀경찰(Gestapo)은 온 나라에 대한 감시망을 구축해 모든 사람을 **파악**[1] 했다.

이 정권이 준 혜택들도 있기는 했다. 전반적인 경제 회복이 이루어졌으며 대규모 일자리 창출 정책이 펼쳐졌다. 승전국들의 묵인으로 히틀러는 국방군을 창설했고, 군수 산업에서 수많은 일자리들이 생겨났다. 신혼부부들을 위한 대출과 다자녀 가구를 위한 지원 제도도 있었다. '즐거움을 통한 힘(Kraft durch Freude, KdF)'이라는 여가 기관은 각종 문화 행사를 조직하고 비용이 저렴한 휴가 여행과 국민 자동차, 폭스바겐 캐퍼를 선보였다.

사회 정책의 성공은 부정할 수 없는 사실이었다. 독일인들의 지지로 히틀러의 정권이 확립되었던 것도 어찌 보면 당연한 결과였다. 사람들은 어두운 면은 일부러 간과했고, 더군다나 이 모든 것이 단지 앞으로 일어날 엄청난 정복 전쟁을 위해 히틀러가 국민들을 단련시키는 것이라고는 전혀 생각지 못했다.

---

1 **파악**의 대상은 10세 아이들부터였다. 이 아이들은 히틀러 유겐트(Hitlerjugend, 나치스의 청소년 조직-역주)가 되었다. 그 이후에는 제국 노동 봉사단(Reichsarbeitsdienst), 국방군(Wehrmacht), 그리고 마지막으로 당의 여러 조직들이 그들을 기다리고 있었다.

─── 089 ───

히틀러의 외교 정책 뒤에는
어떤 목적이 숨어 있었나?

히틀러는 독일이 베르사유 조약으로 부당한 일을 당했다며 끊임없이 지탄했다. 승전국들도 더 이상은 독일에 속죄를 요구하지 않으려 했다.

민주주의가 꽃핀 유럽의 정치가들은 히틀러의 독재를 탐탁지 않게 여겼다. 하지만 독일이 공산주의 국가가 되지 않는 것만으로도 그들에게는 충분했다. 영국에서는 히틀러 마음대로 하도록 두자는 '유화 정책'을 슬로건으로 내놓았다. 그래서 히틀러가 1935년에 베르사유 조약 파기에 착수했을 때도 제지하지 않았다. 그는 징병제를 부활시키고, '고국인 제국 품으로'를 표어로 한 국민투표를 통해 자르(Saar) 지역의 영유권을 회복했으며, 비무장 지대인 라인란트(Rheinland)를 점령했다. 오스트리아 정부의 사임을 강요하고 그 이웃 나라를 '오스트마르크(Ostmark)'라는 이름으로 독일 제국에 합병한 히틀러는 1938년 뮌헨 회담에서 체코슬로바키아로부터 주데텐란트(Sudetenland)를 넘겨받는 데 성공했다.

1939년 3월 독일 군대는 프라하를 침공했다. 본래 독일에 속하지 않았던 지역들까지 점령당한 이 사건은 더 이상은 '부당한' 베르사유 조약과는 관계없는 일이었다. 그 뒤에는 동부 생활권 확보라는 히틀러의 의도가 숨어 있었다. 이는 그의 저서『나의 투쟁』에 실린 내용이었지만 그 사실을 아는 사람은 거의 없었다. 히틀러의 다음 목표는 폴란드였다. 그러나 그때는 유럽 정치계도 다시 정신을 차린 뒤였다. 폴란드는 독일의 공격이 있을 시 원조해 주겠다는 다른 나라들의 약속을 받았다. 그러나 히틀러는 그에 아랑곳하지 않고 침공 명령을 내렸다. 1939년 9월 1일 아침, 폴란드와의 전쟁이 시작되었다.

— 090 —

제2차 세계대전의 경과는
어떠했나?

히틀러는 자신의 폴란드 공습이 방해를 받으리라고 생각하지 못했다. 서부 민주주의 국가들은 분명 잠자코 있을 터였고, 스탈린은 그와 동맹을 맺고 있었으니까.[1]

하지만 영국과 프랑스는 잠자코 있지 않았다. 1939년 9월 3일 양국은 독일 제국에 전쟁을 선포했다. 양국은 우선 항로만을 봉쇄했으면서도 히틀러의 '강화 제안'에는 응하지 않았다. 결국 히틀러는 자기가 생각하는 평화적 질서를 유럽에 강요하기 시작했다. 폴란드 침공에 이어 노르웨이와 덴마크, 프랑스, 유고슬라비아와 그리스에 대한 '전격전(전쟁을 신속히 끝내기 위해 기동과 기습을 최대한 활용하는 작전-역주)'이 이어졌다.

영국에서의 공중전에서 독일은 첫 패배를 맛보았다. 독일 공군은 영국 공군을 이기지 못했고, 영국 도시들에 대한 폭격전에도 국민의 사기는 흔들리지 않았다. 상황이 이렇게 되자 히틀러는 영국에 상륙하려던 계획을 접고, 오래 전부터 계획했던 소련 공격으로 눈을 돌렸다(스탈린과의 동맹은 단기적이었을 뿐이다). 그는 동부로의 출정을 일생일대의 '성스러운 사명'이라 여겼다. [2]

1941년 6월, 사상 최대 규모의 병력이 공격을 개시했다. [3] 그해 겨울 모스크바 코앞에서 독일의 공격은 중단되었다. 독일 군대는 더 이상 나아가지 못했고, 코카서스 지역으로 돌진하려던 시도도 결국 수포로 돌아갔다.

1941년 12월에는 미국이 참전했다. 유럽에서의 분쟁이 세계 전역으로 확대되었던 것이다. 동시에 일본도 미국에 대한 전쟁을 개시했다. 그러나 독일 제국에 별 도움이 되지는 않았다. 미국이 동원한 육군, 공군과 해군의 규모는 상대편 국가들의 병력 규모를 훨씬 뛰어넘었다.

1942년까지는 독일과 동맹국들이 거의 전 유럽을 지배했지만, 이제는 서서히 전세가 역전되고 있었다. 1943년에는 북아프리카를 잃었고, 1944년에는 연합군이 노르망디에 상륙했으며, 그해 가을에는 적군이 독일 본토에 처음으로 진입했다. 독일의 도시들은 우박처럼 쏟아진 폭격을 맞았다. 그럼에도 주민들에게는 한 발짝도 벗어나지 말고 싸우라는 명령이 내려졌다.

• 1945년 2월 폭격을 당한 드레스덴의 거리 _사진작가 Richard Peter •

전쟁 말기에는 연합군을 막기 위해 노약자까지 동원했으며, 이에 저항하는 사람은 사법부의 추적을 당했다. 그러는 동안에도 요제프 괴벨스(Joseph Goebbels)가 이끄는 제3제국의 **선전**(Propaganda)[4] 기구는 끊임없이 국면이 전환될 시점이 임박했다고 선전했고, 곧 전례 없던 '기적의 무기'가 투입될 거라며 지칠 대로 지친 독일 국민들을 현혹시켰다.

1945년 4월, 소련군은 베를린으로 진격했다. 이미 파괴된 베를린에서 소련군에 의해 포위된 히틀러는 총통의 벙커에서 1945년

4월 30일에 스스로 목숨을 끊었다. 결국 5월 7일에 독일은 프랑스 랭스에서 항복 문서에 서명했다.

---

1 독일군은 동맹인 무솔리니의 이집트 침공을 지원하기 위해 북아프리카까지 건너갔다.

2 히틀러는 소련 내에 독일 농민들의 생활권을 확보하기 위해 그곳에 사는 슬라브 민족을 시베리아로 몰아내야 한다고 생각했다.

3 1941년 소련 출정에는 300만 명의 군인과 탱크 3,580대, 항공기 1,945대가 투입되었다.

4 **선전** (대부분 공격적으로) 특정한 정치적 목표에 대한 광고

—091—

홀로코스트란 무엇인가?

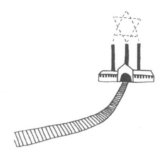

아주 옛날부터 유럽에서는 유대인 혐오가 존재했다. 기독교 역사에 따르면 유대인
은 예수 그리스도의 살해자였다. 사람들은 흑사병의 책임도 유대인 탓으로 돌렸다.

민족사회주의자들의 유대인 혐오에는 (그들의 주장에 따르면) 나름의
'과학적' 기반이 있었다. 그것은 인종이었다. 그들은 유전학적으로
유대인이 파괴적인 영향을 미칠 수밖에 없는 특성을 가진 인종이
라 못 박았다. 이것은 사실 전혀 비과학적이었지만 살인적인 파장
을 낳았다.

유대인에 대한 탄압은 1933년 1월 히틀러의 집권 후 곧바로 시
작되었다. 유대인들은 직장에서 쫓겨났고 재산을 빼앗겼으며 아

무런 권리나 법적 보호를 받지 못한 채 사회의 주변부로 밀려났다. 전쟁이 일어나자 상황은 더욱 심각해졌다. 유대인들은 독일 제국에 대한 서방 연합국의 전쟁 선포를 부추겼다며 비난의 대상이 되었다. 민족사회주의자들에게 동부 지역 정복은 엄청난 규모의 박멸 계획, 즉 홀로코스트를 실행에 옮길 기회였다. 민족사회주의자들은 이러한 민족 말살 계획을 '유대인 문제의 최종 해결'이라는 말로 포장했다.

나치 친위대 소속 특공대는 러시아를 침공하는 군대를 따라가며 러시아의 유대인들을 '사냥'했으며, 약 90만 명의 유대인들이 사살당했다. 독일은 점령한 폴란드에 집단 학살 수용소들을 세웠다. 이중 가장 크고 유명한 것이 아우슈비츠 수용소다. 독일 제국을 비롯해 나치의 영향이 미치는 세력권에서 수많은 유대인들이 끌려와 주로 가스실에서 죽임을 당했다. 당시 민족사회주의자들의 광신적인 민족 우월감 때문에 희생된 유대인들의 수는 약 600만 명으로 추산된다.

092

원자폭탄은 언제 처음 투하됐나?

유럽에서는 1945년 5월 8일부터 휴전에 들어간 반면, 아시아에서는 전쟁이 계속되었다. 일본은 패배를 인정하려 들지 않았다.

1941년 12월 7일 일본은 미국의 진주만 해군 기지를 공격함으로써 제2차 세계대전에 뛰어들었고, 그 이후에는 동남아시아의 광범위한 지역들과 태평양의 섬들을 제압했다. 그러나 미드웨이(Midway) 해전 및 1942년 6월 4일 공중전에서 패배한 뒤로 일본은 다시 세력을 잃어 갔다.

미국군은 태평양을 가로질러 일본군을 몰아 갔다. 이 치열했던 전투들을 미국은 '아일랜드 호핑(Island Hopping)'이라 불렀다. 전쟁은 일본 본토에 가까워질수록 점점 더 치열해졌다. 1945년 초 일본의 주요 섬인 규슈에서 600킬로미터 정도 밖에 안 떨어진 작은 섬, 오키나와 정복 때에는 7600명이 넘는 미국군이 목숨을 잃었고, 3만 명 이상이 부상을 입었다. 일본 본섬 상륙 때에는 더 많은 사상자가 나올 위험이 있었다. 그래서 더 이상의 육전을 피할 수 있도록 하는 새로운 무기가 투입되었을 때, 군대는 환영했다. 그 무기는 바로 원자폭탄이었다. 미국은 1942년부터 25억 달러를 들여 급하게 원자폭탄 프로젝트를 진행해 오고 있었다.

1945년 7월 16일 뉴멕시코주의 앨라모고도(Alamogordo)에서 첫 실험이 이루어졌다. 그 뒤 히로시마와 나가사키에 폭탄이 투하되었다.[1] 새로운 무기의 무시무시한 파괴력에 일본군 지도부는 싸움을 포기했다. 1945년 9월 2일, 일본이 미주리호에서 항복 문서에 서명하면서 제2차 세계대전은 극동 지역에서도 완전히 막을 내렸다.

---

[1] 8월 6일에 히로시마에 원자폭탄이 투하되었고, 약 9만 명이 사망했다. 뒤이어 8월 9일 나가사키에도 원자폭탄이 떨어져 약 3500명의 사상자를 낳았다.

093

포츠담 협정에서는
무엇이 논의되었나?

독일을 어떻게 할 것인가? 1945년 폐허가 된 독일은 무정부 상태였고 정부를 세울
수도 없는 상태였다. 독일이 하나의 국가로 존속할 수 있을지조차 확실하지 않았다.

1945년 7월 17일부터 8월 2일까지 소련의 스탈린, 미국의 트루먼
과 영국의 처칠(이어서 애틀리)은 포츠담에 모여 유럽 내의 잠정적 질
서 확립에 대해 논의했다.[1] 그곳에서 체결된 '포츠담 협정'은 강화
조약이 아니었다. 합의된 사항은 다음과 같았다. 승전국들은 독일
의 무장 해제, 전범자 처벌, 공직으로부터 모든 나치 당원들 추방,
독일인들에 대한 민주주의 '재교육'을 합의했다. 독일은 농업 중심
사회로 돌아가고 산업의 대부분을 해체하며 전쟁으로 인한 손해

를 배상해야 했다.

제국의 영토는 현저히 축소되었고 히틀러의 '획득물'들은 최대한 반환되었다. 동유럽 국가들은 독일인들을 이주시킬 자유를 얻게 되었고 결국 폴란드, 체코슬로바키아와 헝가리 등지에서 1200만 명의 독일인들이 추방되었다.

독일은 4개의 점령지로 분할되었다.[2] 소련, 미국과 영국 외에 프랑스도 한 지역을 맡았다. 그러나 여전히 경제적 통일체로 여겨졌던 독일은 공동으로 관리되었다. 그러나 서방 국가들과 소련 간의 견해 차이가 커지면서 그러한 유대관계는 금세 깨지고 말았다 (228쪽 참조).

---

1 포츠담 협정은 잠정적 협정이었다. 그러나 '세 거두'에 의해 합의된 그 사항들은 수십 년간 변경되지 않았다.

2 수도 베를린은 따로 다시 4개의 점령지로 분할되었다.

— 094 —

중국은
어떻게 공산국가가 되었나?

중국은 1911년부터 공화국이었다. 하지만 이 공화국은 기반이 약했다. 중국군 장군들(군벌)은 통치 범위를 확보하고자 노력했다.

중국을 대표하는 국민당은 지역 군벌들을 상대로 우위를 점하고자 갖은 고초를 겪었다. 게다가 당 내부에서는 다른 목적을 가진 무리가 세력을 키우고 있었다. 이들은 공산주의자들이었다. 1921년 상하이에서 중국 공산당을 창당하고 일부는 국민당에 잠입했던 것이다. 양측은 곧 대립하게 되었다.

1927년 국민당 지도자, 장제스(蔣介石)는 상하이와 난징에서 공산주의자들을 잔혹하게 학살했다. 공산주의자들은 그 도시들로부터 시골인 장시성 지역까지 퇴각했다. 그곳에서까지 장제스의 군대가 압박을 가하자 1934~35년 그들은 북부의 산시성까지 약 12000킬로미터를 행군한 그 유명한 **대장정**(Long March)[1]을 해냈다. 마오쩌둥(毛澤東)이 누구나 인정하는 그들의 지도자였다.

1937년부터 1945년까지는 일본의 중국 점령으로 국공합작이 이루어져 양당이 함께 지하 운동을 조직했기에 양당 간의 싸움은 중단되었다. 하지만 일본이 패망한 1945년 후에는 곧바로 내전이 재개되었다. 장제스는 미국의 지원을 받았지만 마오쩌둥의 활동이 민중에게 더 큰 지지를 받았다. 그리고 결국에는 마오쩌둥이 우위를 점하게 되었다. 국민당은 대만으로 후퇴했다. 중국 본토는 차지한 공산당은 1949년 10월 1일 중화 인민 공화국을 선포했다.

1　일명 '대장정'은 약 9만 명으로 시작되었지만 최종적으로는 약 7000명이 살아남았다.

095

식민주의는 어떻게 끝났나?

제1차 세계대전 때부터 식민지들은 전쟁 무대에 있었다. 뿐만 아니라 수많은 식민지의 군인들은 식민국을 위해 싸울 목적으로 전쟁터로 끌려갔다.

제2차 세계대전 때에도 마찬가지였다. 인도, 남아프리카, 알제리 및 여러 나라들은 영국이나 프랑스 편으로 출정할 병력을 모았고, 동남아시아에서는 일본의 활보로 프랑스, 네덜란드와 영국의 식민지들이 전장으로 파병되었다.

이 모든 일들이 독립 운동을 촉진시켰다. 세계 곳곳에서 식민 지배를 받는 국민들이 식민주의를 끝낼 것을 요구했다. 때로 식민국들은 평화롭게 주권을 양도했다. '황금 해안(Gold Coast)'이라 불렸던 영국의 전 식민지, 서아프리카의 가나가 그 예이다. 철저한 준비 끝에 가나는 1957년에 독립했다. 반면에 힘든 독립 투쟁을 해야 했던 경우도 있었다. 식민국들은 식민지인들의 **게릴라전**[1]에 말려들었다. 네덜란드는 인도네시아에서(1942~1948년), 영국은 말레이시아(1948~1954년)와 케냐에서(1952~1954년), 프랑스는 인도차이나(1946~1954년)와 알제리에서(1954~1958년), 포르투갈은 앙골라에서(1961~1975년) 독립을 원하는 이들의 거센 저항과 마주했다. 결국에는 유럽인들이 물러나고 식민지였던 나라들은 독립을 맞이했다.

그러나 이후에도 종종 식민 통치에서 비롯된 문제점들을 극복해야 하는 상황이 생겼다. 유럽 열강들은 자신의 편의에 따라 지도에 선을 그어 영토를 분할했을 뿐 종족이나 종교적 차이는 고려하지 않았다. 그래서 식민 통치를 겪은 국가들은 독립 후에도 민족 대 민족, 또는 종교 대 종교로 나라 안에서 또 다른 싸움을 벌이는 비극을 겪어야 했다.

---

[1] **게릴라전** 무장한 원주민 집단과의 전쟁

096

철의 장막은 무엇인가?

제2차 세계대전 당시 소련군은 엘베강까지 다다랐다. 동유럽은 적군(赤軍)이 점령했다. 그리고 소련의 통치자 스탈린은 자신의 군대를 퇴각시킬 생각이 없었다.

1945년 이후 소련은 폴란드, 헝가리, 루마니아를 비롯한 유럽 동부와 남동부의 국가들에서 공산주의자들이 권력을 장악하도록 했다. 독일 내의 소련 점령지에서도 마찬가지였다. 공산주의 정부들은 자신들의 국가가 경제적, 정치적 그리고 문화적으로 완전히 소련을 지향하게끔 만들었다. 이러한 현상이 계속 이어지자, 이탈리아나 그리스에서도 공산주의자들의 쿠데타가 일어날 가능성이 생기기 시작했다.

서방 강대국들, 특히 미국은 그러한 상황을 두고 볼 수가 없었다. 1949년 이들은 방위 공동체인 북대서양 조약 기구(NATO(North Atlantic Treaty Organization))를 결성했다. 이에 소련은 1955년에 바르샤바 조약 기구(Warsaw Treaty Organization) 설립으로 응수했다. 이로써 동서 진영 간에 **철의 장막**(iron curtain)[I] 이 드리우게 되었다.

동서 진영의 대립은 유럽에서만 벌어진 것이 아니라, 세계의 다른 곳에도 존재했다. 그래서 소련은 옛 식민국들에 대항해 일부 나라들의 독립 운동을 지원하며 궁극적으로는 그곳에 공산주의 체제가 수립될 수 있기를 바랐다. '냉전'이라 불리는 이 시기는 여러 차례 '열전'으로, 심지어는 세계 전쟁의 위기로 변모했는데, 한국 전쟁(1950~1953년), 영국과 프랑스의 이집트 공격(1956년), 또는 쿠바 위기(1961년)가 그 예이다.

[I] **철의 장막** 독일에서는 철조망과 지뢰밭으로 보안이 유지되었던 서독과 동독의 경계 벽이 곧 '철의 장막'의 실증이었다.

097

독일은
어떻게 분단되었나?

미국, 영국과 프랑스는 소련과 함께 연합국 공동 관리 위원회를 결성해 점령한 독일을 관리하고자 했다. 하지만 아무런 결과도 얻지 못했다.

소련이 점령한 지역에서는 개인의 대토지 소유권이 박탈당했고 사회 민주당과 공산당이 사회주의 통일당(SED)으로 합쳐졌으며 이데올로기에 충실한 공산당원들이 경찰 고위직을 차지했다. 반면에 서부의 세 점령지에서는 영국이나 미국을 본보기로 한 자유 경제와 민주주의 체제가 자리 잡았다. 서부 세 지역은 곧 긴밀해졌지만 동부의 소련과는 담을 쌓게 되었다.[1] 결국 연합국 공동 관리 위원회는 결렬되고 말았다.

1949년 서부 지역들은 독일 연방 공화국(서독)으로 통합되었다. 소련 점령지는 독일 민주 공화국(동독)이 되었다.

서독에서는 아데나워(Adenauer) 수상이 '숙적' 프랑스와 화해하고 독일을 서방 방위 체계로 편입시켰다.[2] 그러나 이는 독일의 불화를 심화시키는 결과를 낳았다.

동독은 사회주의 통일당 서기장 발터 울브리히트(Walter Ulbricht)의 통치하에 소련의 가장 충실한 동맹이 되었다. 계획 경제가 시행되어 농업의 강제 집단화, 산업 국유화가 이루어졌다. 1953년 6월 17일 정부에 의해 정해진 성과 계획에 반대하는 노동자들이 봉기하자 소련군이 진압했다. 노동자들의 서독 도피가 계속 이어지자 인적 손실이 두려웠던 동독은 1961년에 베를린 장벽을 세움으로써 그 길을 막아 버렸다.

---

1 독일의 분단은 1948년에 서방 국가들이 독자적으로 화폐 개혁을 단행해 마르크화를 도입했을 때 확실시되었다.

2 서독의 경제장관 루드비히 에르하르트(Ludwig Erhard)는 그가 만든 사회적 시장 경제 모델을 통해 전례 없는 경제 발전의 기적을 달성했다.

098

유럽의 통합은
어떤 방식으로 이루어졌나?

'유럽에서 또 다른 전쟁은 없다.' 이것은 유럽의 역사, 특히 제1차 및 제2차 세계대
전을 통해 깨달은 교훈이었다. 과연 어떻게 그 말을 지킬 수 있었을까?

정치적으로 통합된 유럽을 만들기란 쉽지 않은 문제였다. 불신과 민족적 이기주의가 여전히 만연했기 때문이다. 그에 비해 경제적 통합은 간단해 보였다. 그리고 그것이 이루어지면 정치적 통합도 자연히 따라오게 될 터였다.

그리하여 유럽의 정치가들은 1949년 유럽 회의(Council of Europe) 창설 이후 공동 경제의 달성에 걸림돌이 되는 장벽들을 없애는 데에 노력을 기울였다. 1951년 프랑스, 벨기에, 네덜란드, 룩셈

부르크, 이탈리아와 독일 연방 공화국은 유럽 석탄 철강 공동체(European Coal and Steel Community 또는 Montanunion)를 설립했다. 이것이 잘 운영되자 이 6자 공동체는 자국의 생산품을 거래하는 공동 시장 설립까지 추진하게 되었다. 1957년 로마에서 유럽 경제 공동체(European Economic Community, 약칭 EEC)가 조직되었다. 그들은 역내 관세를 폐지하고 인적 자원, 서비스와 자본의 교환을 용이하게 했으며 공동의 농업 정책을 마련했다.

유럽 경제 공동체는 다른 유럽 국가들을 불러 모으는 역할을 하여 가입국 수는 점차 늘어났다. 1986년에는 12개의 정회원국을 비롯해 아프리카 및 해외에도 수많은 제휴국이 생겼다. 1994년에 설립된 유럽 연합(EU)에는 27개의 회원국이 소속되어 있으며(2020년 기준) 더 이상 단순한 경제 단체가 아니라 다수의 기관들(유럽 의회, 유럽 사법 재판소, '정부' 역할을 하는 집행 위원회 등)을 갖춘 정치적 공동체의 성격을 띤다.

099

컴퓨터의 효시는?

오늘날 우리는 컴퓨터 사용을 아주 당연하게 여긴다. 그런데 데스크톱이 개발된 건 불과 40년 전이다. 그렇게 되기까지는 아주 오랜 시간이 걸렸다.

고대 로마인들은 주판을 발명했다. 주판은 여러 개의 구슬이 달린 나무틀로, 계산을 쉽게 할 수 있는 도구였다. 17세기에 프랑스의 파스칼(Pascal)과 독일의 라이프니츠(Leibniz)는 톱니바퀴를 이용한 계산기를 만들었다.

1800년경 프랑스의 자카드(Jacquard)가 천공 카드를 발명한 일은 큰 성과였다. 여기에는 소위 **2진**(binary)[1] 부호가 사용된다(구멍 있음 = 네 = 1, 구멍 없음 = 아니오 = 0). 독일계 미국인 허먼 홀러리스(Herman

Hollerith)는 이 천공 카드를 적용해 계산 및 분류가 가능한 기기를 만들었다. 천공 카드는 1890년부터 미국 인구 조사에서 성공적으로 이용되었다. 이렇게 문자를 숫자로 변환시키는 방식으로 텍스트도 부호화시킬 수 있었다.

　기계적 원리의 도구들은 그밖에도 더 있었다. 1941년 발명가 콘라트 추제(Konrad Zuse)가 선보인 프로그램 제어 계산기 'Z3'도 그 예이다. 그로부터 수년 뒤에야 전기 기계식, 그리고 마침내 전자식 부품들이 개발되기 시작했다. 1948년 최초의 트랜지스터 발명으로 전에는 엄청난 무게의 옷장만 했던 기기가 더 작고, 더 빨라졌다. 1963년 벨 펀치(Bell Punch)사는 최초의 탁상용 전산기를 선보였다. 그리고 1970년 중반에는 소형화된 부품들을 수용하고 있는 아주 작은 실리콘 조각인 마이크로칩의 도입으로 마침내 돌파구가 마련되었다.

ㅣ **2진** 0과 1, 두 종류의 숫자로 수를 나타낸다.

100

미국은
왜 베트남 전쟁에 참가했나?

미국의 '도미노 이론'은 동남아시아의 한 국가가 공산화되면, 이웃 나라들도 마치 도미노 조각이 쓰러지듯이 함께 공산화된다는 주장이다.

그래서 미국은 베트남에서 프랑스가 식민지를 사수하기 위해 싸우는 동안 뒤에서 지원하다가, 프랑스가 결국 패배하여 후퇴한 뒤에는 공산주의 방어전을 이어받았다. 공산당은 그새 분리된 북베트남에서 호치민(Ho Chi Minh)을 우두머리로 하여 권력을 잡고 있었고, 강화된 북의 파르티잔들은 1960년 이후 응오딘지엠(Ngo Dinh Diem)이 이끄는 남으로 침투했다. 응오딘지엠의 정권은 부패하고 난폭했지만, 미국은 그를 후원했으며 1963년 그가 살해당한 뒤에는 그의 후계자를 후원했다. 미국 공군은 북베트남에 대한 전쟁을 개시했다.[1] 미군의 융단 폭격으로 베트남 국토는 황폐화되었다. 하지만 북베트남인들은 포기하지 않았다.

전쟁이 길어질수록 미국 내에서의 여론은 나빠졌다. 그 원인 중 하나는 미군이 파르티잔 세력과의 투쟁 과정에서 여성과 어린 아이들을 포함한 민간인들을 살해한 **미라이 학살**[2]과 같은 전쟁 범죄를 저질렀음이 알려졌기 때문이다. 유럽에서도 반대의 움직임이 일어났다. 중무장한 '제국주의자들'에 성공적으로 항거한 용감한 소수 북베트남 주민들은 사람들의 지지를 받았다. 호치민은 학생 운동가들의 우상이 되었다.

1969년 이후 미국은 베트남에서의 퇴각하기 시작했다. 남베트남 정부는 해체되었고 베트남은 북의 지휘로 다시 하나가 되었다. 55,000명의 미국인이 이 무의미한 전쟁에 목숨을 잃었다.

---

[1] 50만 명이 넘는 미국이 베트남에서 싸웠다.

[2] **미라이 학살** 1968년 남베트남 미라이에서 발생한 미군에 의한 민간인 학살사건. 대략 350~500명의 민간인 사상자가 발생했을 것으로 추정한다.

— 101 —

우주 경쟁은 어떻게 시작되었나?

오늘날 인공위성은 더 이상 특별한 것이 아니다. 우주 발사체에 의해 쏘아 올려 진 수백 개의 인공위성들이 우주 공간을 날아다니며 지구에 자료를 전달하고 현대식 전화와 텔레비전 방송 수신을 가능하게 해 준다.

그러나 최초의 인공위성이 우주에서 신호를 보내왔을 때는 대단한 화젯거리가 되었다. 1957년 10월 5일에는 아마추어 무선사들이 그들의 기기에서 인공위성이 보내오는 삐삐 소리를 들을 수 있었다. 이 사건의 엄청난 반전은 그 인공위성을 쏜 나라가 기술 발전의 선두주자였던 미국이 아니라 소련이라는 사실이었다. 그 위성의 이름은 동반자라는 뜻의 '스푸트니크(Sputnik)'로, 네 개의 안테나가 달린 직경 약 50센티미터의 구형 위성이었다. 이러한 승리를

더욱 공고히 하기 위해 소련은 한 달 뒤 최초로 생명체(라이카라는 개)를 태운 인공위성을 발사했는데, 그 개는 일주일 뒤 죽었다.

미국인들의 체면은 말이 아니었다. 히로시마 사건으로부터 4년 뒤인 1949년에 소련이 원자폭탄 개발에 성공한 것도 달갑지 않았는데 이젠 우주여행에서 소련이 더 앞선 것이다.

이로 인해 우주에서의 경쟁이 시작되었고, 미국은 천문학적인 자금 투입 덕분에 곧 선두 자리를 되찾았다. 1958년 미국은 최초의 인공위성을 발사했다. 11년 뒤에는 아폴로 11호 미션에서 달 착륙에 성공했다. 1969년 7월 21일 달에 발을 디딘 최초의 인간이 된 닐 암스트롱(Neil Armstrong)은 의미심장한 말을 남겼다.

"이것은 한 인간에게는 작은 한 걸음이지만 인류에게는 위대한 도약이다."

102

미하일 고르바초프는
무엇을 원했나?

1980년대 중반, 소련이라는 거대 제국이 앞으로 닥쳐올 경제적, 사회적 요구를 감
당하기 위해서는 특단의 조치가 반드시 필요해 보였다.

지금까지의 늙고 병든 권력자들에게는 개혁을 기대할 수가 없
었다. 하지만 1985년 54세밖에 안 된 미하일 고르바초프(Mikhail
Gorbachev)가 공산당 서기장에 올랐고, 1990년에는 15개 공화국으
로 구성된 소련의 대통령으로 취임했다.

그는 자신의 개혁 정책을 두 가지 개념으로 설명했다. 비판과
여론의 다양성을 지지하는 '글라스노스트(개방)', 고루한 국가 기관
들의 개편을 위한 '페레스트로이카(재건)'. 이 두 가지가 합쳐져 개

혁의 힘을 발휘하고 소련의 경제 회복을 불러오리라는 것이었다. 공산당은 지도권을 포기했고, 계획 경제는 중지되었으며, 외국 기업들은 소련 기업들과 협력할 수 있게 되었다. 모스크바의 힘이 약해지자 '사회주의 형제 국가'들인 헝가리, 체코슬로바키아, 폴란드 등은 예속에서 벗어날 기회로 삼았다. [1]

그러자 발트해 연안의 공화국들도 독립을 요구했고, 고르바초프로서는 이를 막을 수가 없었다. 1991년 군인들과 비밀 정보원들이 쿠데타를 일으켰다. 비록 쿠데타 세력은 곧 와해되었지만 고르바초프는 실각했다. 러시아 대통령이 된 보리스 옐친(Boris Yeltsin)이 지배권을 장악했다. 과거에 최대의 자치 공화국이었던 러시아는 소비에트 제국의 후예가 되었다.

---

1 사회주의 국가의 동맹을 강화하기 위해 1995년 결성한 바르샤바 조약 기구는 1991년에 해체되었다.

103

독일의 재통일은
어떻게 실현되었나?

동독 지도부는 그들의 기반이 확고하다고 믿었다. 1989년 10월에는 '독일 최초의 노동자와 농민을 위한 나라'의 40주년을 맞아 군사 퍼레이드도 벌였다. 하지만 몰락은 이미 임박해 있었다.

1989년 여름부터 동독 주민들의 바르샤바와 프라하를 거친 집단 탈출이 진행되었다. 동독의 도시들에서는 사람들이 모여 주권자들에게 "우리가 국민이다!(Wir sind das Volk!)"를 외쳤다. 동구권 공산 국가들의 해체(241쪽 참조)는 동독만을 예외로 두지는 않았다. "인생은 늦게 동참하는 자를 벌할 것이다"라고 미하일 고르바초프는 경고했다. 하지만 국가 평의회 의장이었던 호네커(Honecker)와 그의 동료들은 그 말을 귀 기울여 듣지 않았다.

끝은 아무도 예상하지 못했던 방식으로 찾아왔다. 11월 9일 사회주의 통일당(SED) 정치국원 귄터 샤보브스키(Günter Schabowski)가 어느 인터뷰에서 한 말실수로 사람들은 서독 국경이 열렸다고 이해하게 된 것이었다. 곧 동베를린에서는 수많은 인파가 장벽으로 몰려들었다. 국경 수비대로서도 통행로를 열어줄 수밖에 없었다. 그후 며칠 동안 수백만의 동독 주민들이 서독으로 건너갔다.

사회주의 통일당 체제는 무너졌다. 서독과 동독의 통일은 1년도 안 되어 실현되었다. 진행 단계는 다음과 같다. 1990년 3월 18일 동독 인민 의회의 첫 자유선거, 7월 1일 경제, 화폐, 사회 통합, 9월 12일 제2차 세계대전 승전국들과 **2+4 조약**(Zwei-plus-Vier-Verträge)[1] 체결. 10월 3일에는 메클렌부르크 포어포메른주, 브란덴부르크주, 작센안할트주, 튀링겐주와 작센주의 가입으로 독일 통일이 완성되었다.

---

[1] **2+4 조약** 이 이름은 조약 상대국들과 관계가 있다. 서독과 동독, 그리고 독일을 점령했던 미국, 영국, 프랑스, 소련 4개국.

104

발칸반도에서의 내전은
왜 일어났나?

동구권 해체는 중부 및 동부 유럽 국가들에게는 축복이었지만 발칸반도에서는 지옥
문을 연 것이나 마찬가지였다. 해묵은 증오들이 다시 피어올랐다.

유고슬라비아에서는 공산주의자이자 파르티잔 사령관인 티토
(Tito)가 1980년 사망할 때까지 철권 정치를 시행했다. 그의 후계자
들은 그의 능력에 미치지 못했다. 1991년 슬로베니아, 크로아티
아, 보스니아헤르체고비나 등의 자치 공화국들이 독립했다. 하지
만 세르비아는 이에 반대하고 나섰다. 완전한 유고슬라비아를 위
해, 그리고 특히 크로아티아와 보스니아 내의 세르비아계 소수 민
족을 지킨다는 게 그 이유였다.

상황은 매우 복잡했다. 유고슬라비아는 단순한 다민족 국가가 아니라서 각 민족들이 뒤섞여 살고 있었고, 그들의 거주지는 마치 조각조각 이어 붙인 양탄자처럼 흩어져 있었기 때문이다.

내전이 일어나 대량 학살과 '인종 청소', 즉 달갑지 않은 민족에 대한 추방이 이루어졌다. 제2차 세계대전의 앙갚음이나 다름없었다. 1995년이 되어서야 미국의 개입으로 학살은 멈추게 되었다. 데이튼(Dayton) 협정에서 세르비아는 인접 국가들의 독립을 인정해야만 했다.

발칸반도에서의 두 번째 전쟁은 세르비아에 속해 있긴 하지만 알바니아인들이 대부분인 코소보 지역에서 발발했다. 세르비아가 코소보의 자치권을 허락하지 않았던 것이다. 1999년 북대서양 조약 기구(NATO)의 공습으로 세르비아 군대는 코소보에서 후퇴했으며, 그 지역은 유엔의 통치를 받게 되었다.

105

2001년 9월 11일에는
무슨 일이 있었나?

비행기 납치 사건은 전에도 종종 있었다. 하지만 이번 일은 차원이 달랐다.

납치범은 승객들을 인질로 붙잡았다. 그들의 목숨이 어떤 국가에
는 중요하다는 사실을 이용해 그것으로 협박을 가할 수 있었기 때
문이다. 하지만 2001년 9월 11일의 비행기 납치범들은 다른 계획
을 갖고 있었다. 그들은 4대의 미국 비행기들을 오직 날아가는 폭
탄으로 이용하려는 목적으로 납치했던 것이다. 그 중 1대는 목표
물에 도달하지 못한 채 추락해 산산조각이 났고, 1대는 미국 국방
부를 폭파했으며, 나머지 2대는 뉴욕의 세계 무역 센터로 날아가

그 건물을 붕괴시켰다.

이 자살 테러로 3000명이 넘는 사람들이 목숨을 잃었고 국제 정치적으로 엄청난 파장을 불러일으켰다. 미국은 테러와의 전쟁을 선포했다. 자살 테러를 자행했던 이들은 알카에다(Al-Qaeda)라는 이슬람 조직 소속이었는데, 이 조직은 사우디아라비아 출신 오사마 빈 라덴(Osama bin Laden)의 지도를 받으며 아프가니스탄 내에 훈련 캠프를 두고 있었다. 미국은 아프가니스탄을 지배하던 탈레반(Taliban) 독재 정권에 빈 라덴을 넘겨줄 것을 요구했지만 거절당했고, 이에 아프가니스탄의 '군벌들'과 손을 잡고 그곳을 점령했다. 결국 그는 2011년 5월 2일 약 10년간의 은신 생활 끝에 파키스탄의 한 가옥에서 미국 특수부대의 총격을 받고 사망하였다.

또 다른 미국의 타겟은 이라크의 독재자 사담 후세인(Saddam Hussein)이었다. 그는 알카에다와 관계를 맺고 대량 살상 무기를 개발한 일로 고발되었다. 2003년 3월 미국과 영국은 군사 공격을 시작하여 4월에 이라크의 항복을 받아냈다. 그 독재자는 2003년 체포되어 2006년에 사형을 당했다.

106

누가 위기에 처한 환경을
지킬 것인가?

오랜 시간 동안 인간은 아무런 제약 없이 지구에 널리 퍼져 살아갈 수 있으며, 또 지
구상의 다른 생물들을 마음껏 이용해도 아무 해가 없을 것 같았다.

사람들이 무분별한 발전의 영향에 눈을 돌리기 시작한 건 불과 수
십 년 전부터다. 1972년 학계와 산업계 인사들의 모임인 로마 클
럽(Club of Rome)은 인류가 처한 상황에 대한 보고서인 「성장의 한계
(The Limits to Growth)」를 출간했다. 그들의 메시지는 다음과 같다. 자
원은 언젠가는 고갈될 것이며, 영원히 풍요롭게 이용할 수는 없다,
인간이 지구에 가한 상처는 치명적인 결과를 초래한다.

이러한 상황은 그린피스 같은 환경 단체들에 의해 산업 국가들

에 전달되었다. 그러자 '생태계'라는 주제를 최우선으로 삼는 정당들이 속속 생겨났다. 독일에서는 1980년부터 녹색당(Die Grünen)이 활동했다. 동시에 1986년에 일어난 체르노빌 원전 사고 같은 재앙들은 인간이 원자력 이용 등을 통해 얼마나 큰 위험에 처할 수 있는지를, 또 그러한 위험이 미래 세대에게까지 영향을 미칠 가능성을 분명히 보여 주었다.

그 이후로 전 세계의 환경 파괴에 대한 끔찍한 뉴스들이 끊이지 않고 있다. 그렇지만 이제 환경 보호는 아무 생각 없이 쓰레기를 버리는 시민들뿐만 아니라 국가와 정부들에도 해당되는 문제가 되었다. 대규모 국제회의와 조약들은 뚜렷한 방향을 제시하고 있으며, 1997년 교토 의정서(Kyoto Protocol)가 산업 국가들의 유해한 온실 가스 배출 감축을 의무화한 것이 그 예이다. 우리는 이러한 방향으로 계속 나아가야 할 것이다.

연대표

기원전 4000년
수메르인들이 메소포타미아로 이주

기원전 2500년경
기자 피라미드

기원전 1729~1686년
바빌론의 함무라비

기원전 1600~1200년
그리스 미케네 문명

기원전 850년경
에트루리아인들이 이탈리아로 이주

기원전 587년
네부카드네자르 2세가 예루살렘을 파괴. 유대인의 '바빌론 유수'

기원전 500년경
로마 공화정

기원전 480/479년
그리스를 공격한 페르시아가 격퇴를 당함

기원전 431~404년
펠로폰네소스 전쟁

기원전 323년
알렉산더 대왕 사망. 디아도코이 전쟁 개시

기원전 216년
칸나에 전투에서 한니발 승리

기원전 146년
카르타고 멸망

기원전 44년
카이사르가 종신 독재관이 되고 얼마 안 되어 살해당함

기원전 31년
옥타비아누스가 악티움 해전에서 마르쿠스 안토니우스를 이김

33년경
예수가 예루살렘에서 십자가에 못 박힘

98~117년
황제 트라야누스가 로마 제국 영토를 최대로 확장

375년
훈족이 볼가강과 도나우강을 건너 서쪽으로 몰려감. 고트 제국 멸망, 고트족 대이동
시작

391쪽
기독교가 로마 제국의 국교가 됨

451년
훈족이 카탈라우눔(Catalaunum) 전투에서 패배

476년
서로마 최후의 황제 로물루스 아우구스툴루스의 폐위

529년
성 베네딕트가 몬테 카시노(Monte Cassino) 수도원 설립

622년
무함마드가 메카에서 탈출. 이슬람 기원 원년

732년
카를 마르텔이 투르와 푸아티에에서 아랍인들을 무찌름

800년
카를 대제가 로마에서 대관식을 치름

919년
작센 공작 하인리히가 왕위에 오름. 독일 왕국의 역사 시작

988년
키예프 대공국의 대공 블라디미르(Vladimir) 1세가 동방 정교회로 개종

1006년
이슬람교도들이 인도 북서부에 정착함

1066년
노르만족이 잉글랜드 점령

1099년
십자군이 예루살렘 정복

1184년
마인츠의 성령 강림절, 호엔슈타우펜 왕가의 전성기

1206년
칭기즈 칸의 통치하에 몽골인들이 원정 개시

1215년
영국의 귀족들이 왕을 압박해 국민의 자유와 권리를 얻어냄(권리 장전)

1241년
몽골의 레그니차(Legnica) 전투

1291년
스위스 영구 동맹 체결

1337~1453년
영국과 프랑스의 백년 전쟁

1348~1350년
유럽 흑사병

1370년
슈트랄준트 평화 협정. 한자 동맹의 전성기

1414~1418년
콘스탄츠 공의회

1453년
투르크인들의 콘스탄티노플 점령, 동로마 제국 멸망

1480년경
모스크바의 이반 3세가 몽골의 지배 거부

1492년
크리스토퍼 콜럼버스 아메리카 대륙 발견

1517년
마르틴 루터가 비텐베르크에서 반박문 게시

1545~1563년
트리엔트(Trient) 공의회

1555년
프로테스탄트와 가톨릭교도 간의 아우크스부르크 종교화의

1588년
스페인의 아르마다 함대 침몰, 영국 해상 강국으로 부상

1618~1648년
30년 전쟁

1776년
미국 독립 선언

1789년
프랑스 혁명 발발

1806년
프란츠 2세 퇴위

1814/1815년
빈 회의

1848년
프랑크푸르트 파울 교회에서 국민 의회 개최

1869년
수에즈 운하 개통

1904/05년
러일 전쟁

1912년
중국 공화국 수립

1914~1918년
제1차 세계대전

1917년
러시아 10월 혁명

1924년
스탈린이 소련의 수장이 됨

1933년
히틀러가 총리가 되어 '권력 장악'

1939~1945년
제2차 세계대전

1945년
포츠담 협정. 히로시마와 나가사키에 원자 폭탄 투하

1949년
독일 연방 공화국(서독)과 독일 민주 공화국(동독) 수립. 중국에서 공산당 승리

1957년
로마 조약 체결, 유럽 경제 공동체 설립

1989~1991년
동구권 해체

1990년
동독의 여러 주들이 서독에 가입

1997년
온실 가스 감축을 위한 교토 의정서 채택

2001년
알카에다 테러 조직의 뉴욕 세계 무역 센터 공격

─── 찾아보기 ───